プリント形式のリアル過去問で本番の臨場感！

静岡県

静岡学園中学校

2025年春受験用

解答集

本書は，実物をなるべくそのままに，プリント形式で年度ごとに収録しています。
問題用紙を教科別に分けて使うことができるので，本番さながらの演習ができます。

■ 収録内容

・解答集(この冊子です)

書籍ＩＤ番号，この問題集の使い方，最新年度実物データ，リアル過去問の活用，
解答例と解説，ご使用にあたってのお願い・ご注意，お問い合わせ

・2024(令和６)年度 ～ 2020(令和２)年度　学力検査問題

JN131841

○は収録あり　年度	'24	'23	'22	'21	'20	
■ 問題(前期A)	○	○	○	○	○	
■ 解答用紙※	○	○	○	○	○	
■ 配点						

算数に解説
があります

※2021年度以前の算数は書き込み式
注)国語問題文非掲載:2024年度の二，2020年度の【二】

問題文の非掲載につきまして

著作権上の都合により，本書に収録している過去入試問題の本文の一部を掲載しておりません。ご不便をおかけし，誠に申し訳ございません。

本文の一部を掲載できなかったことによる国語の演習不足を補うため，論説文および小説文の演習問題のダウンロード付録があります。弊社ウェブサイトから書籍ＩＤ番号を入力してご利用ください。

なお，問題の量，形式，難易度などの傾向が，実際の入試問題と一致しない場合があります。

教英出版

■ 書籍ＩＤ番号

入試に役立つダウンロード付録や学校情報などを随時更新して掲載しています。
教英出版ウェブサイトの「ご購入者様のページ」画面で，書籍ＩＤ番号を入力してご利用ください。

書籍ＩＤ番号 112418

（有効期限：2025年9月30日まで）

【入試に役立つダウンロード付録】
「要点のまとめ(国語／算数)」
「課題作文演習」ほか

■ この問題集の使い方

年度ごとにプリント形式で収録しています。針を外して教科ごとに分けて使用します。①片側，②中央のどちらかでとじてありますので，下図を参考に，問題用紙と解答用紙に分けて準備をしましょう（解答用紙がない場合もあります)。

針を外すときは，けがをしないように十分注意してください。また，針を外すと紛失しやすくなりますので気をつけましょう。

① 片側でとじてあるもの

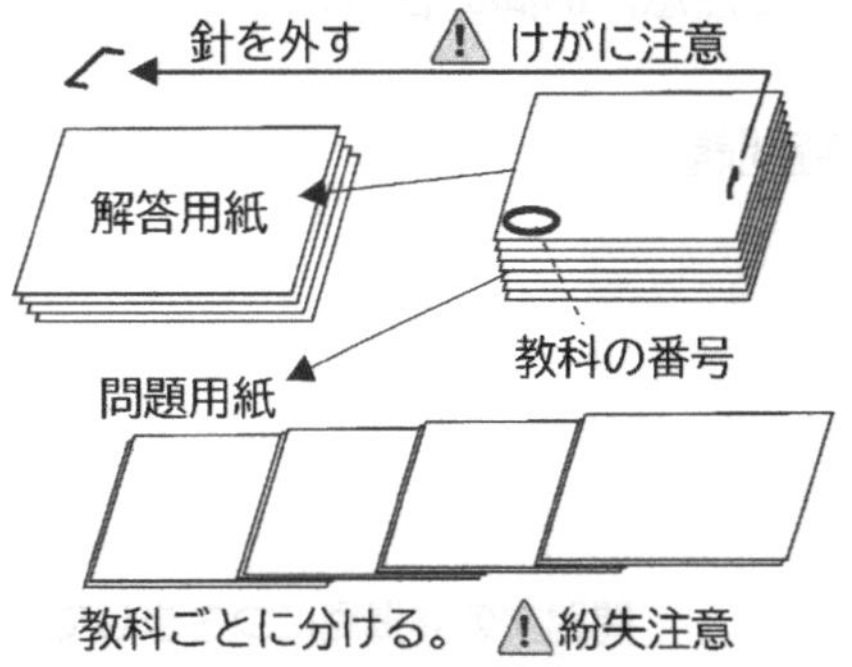

② 中央でとじてあるもの

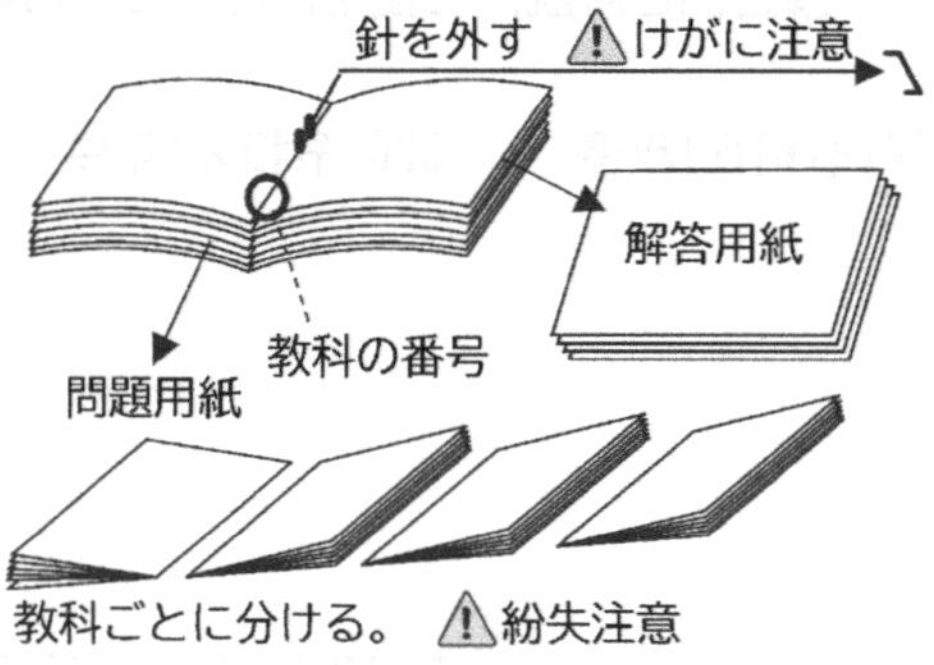

※教科数が上図と異なる場合があります。
　解答用紙がない場合や，問題と一体になっている場合があります。
　教科の番号は，教科ごとに分けるときの参考にしてください。

■ 最新年度 実物データ

実物をなるべくそのままに編集していますが，収録の都合上，実際の試験問題とは異なる場合があります。実物のサイズ，様式は右表で確認してください。

問題用紙	Ｂ５冊子(二つ折り)
解答用紙	Ｂ４片面プリント

リアル過去問の活用

～リアル過去問なら入試本番で力を発揮することができる～

本番を体験しよう！

問題用紙の形式（縦向き／横向き），問題の配置や余白など，実物に近い紙面構成なので本番の臨場感が味わえます。まずはパラパラとめくって眺めてみてください。「これが志望校の入試問題なんだ！」と思えば入試に向けて気持ちが高まることでしょう。

入試を知ろう！

同じ教科の過去数年分の問題紙面を並べて，見比べてみましょう。

① 問題の量

毎年同じ大問数か，年によって違うのか，また全体の問題量はどのくらいか知っておきましょう。どのくらいのスピードで解けば時間内に終わるのか，大問ひとつにかけられる時間を計算してみましょう。

② 出題分野

よく出題されている分野とそうでない分野を見つけましょう。同じような問題が過去にも出題されていることに気がつくはずです。

③ 出題順序

得意な分野が毎年同じ大問番号で出題されていると分かれば，本番で取りこぼさないように先回りして解答することができるでしょう。

④ 解答方法

記述式か選択式か（マークシートか），見ておきましょう。記述式なら，単位まで書く必要があるかどうか，文字数はどのくらいかなど，細かいところまでチェックしておきましょう。計算過程を書く必要があるかどうかも重要です。

⑤ 問題の難易度

必ず正解したい基本問題，条件や指示の読み間違いといったケアレスミスに気をつけたい問題，後回しにしたほうがいい問題などをチェックしておきましょう。

問題を解こう！

志望校の入試傾向をつかんだら，問題を何度も解いていきましょう。ほかにも問題文の独特な言いまわしや，その学校独自の答え方を発見できることもあるでしょう。オリンピックや環境問題など，話題になった出来事を毎年出題する学校だと分かれば，日頃のニュースの見かたも変わってきます。

こうして志望校の入試傾向を知り対策を立てることこそが，過去問を解く最大の理由なのです。

実力を知ろう！

過去問を解くにあたって，得点はそれほど重要ではありません。大切なのは，志望校の過去問演習を通して，苦手な教科，苦手な分野を知ることです。苦手な教科，分野が分かったら，教科書や参考書に戻って重点的に学習する時間をつくりましょう。今の自分の実力を知れば，入試本番までの勉強の道すじが見えてきます。

試験に慣れよう！

入試では時間配分も重要です。本番で時間が足りなくなってあわてないように，リアル過去問で実戦演習をして，時間配分や出題パターンに慣れておきましょう。教科ごとに気持ちを切り替える練習もしておきましょう。

心を整えよう！

入試は誰でも緊張するものです。入試前日になったら，演習をやり尽くしたリアル過去問の表紙を眺めてみましょう。問題の内容を見る必要はもうありません。どんな形式だったかな？受験番号や氏名はどこに書くのかな？…ほんの少し見ておくだけでも，志望校の入試に向けて心の準備が整うことでしょう。

そして入試本番では，見慣れた問題紙面が緊張した心を落ち着かせてくれるはずです。

※まれに入試形式を変更する学校もありますが，条件はほかの受験生も同じです。心を整えてあせらずに問題に取りかかりましょう。

静岡学園中学校

《国　語》

一　問一．①模型　②実績　③窓際　④看病　⑤山頂　　問二．①虫　②八　③水　④息　⑤足
問三．①エ　②オ　③ウ　④ア　⑤イ

二　問一．A．イ　B．ア　C．エ　　問二．そのときどきの問題に対する「答え」を共有　　問三．ア
問四．こだわり　　問五．誰ともわかちあいがたい、それぞれにとっての「自分の人生」の「わかちあいがたさ」。
問六．ア．○　イ．○　ウ．×　エ．○　オ．×

三　問一．どうすればいいか、わからなくて、迷っている　　問二．音苦　　問三．オ　　問四．弾く気持ちがまるで見えない　　問五．ア　　問六．タカく　　問七．A．ウ　B．オ　C．ア　　問八．ニンマリとわらった(。)
問九．ア．×　イ．×　ウ．○　エ．○　オ．×
問十．〈作文のポイント〉
・最初に自分の主張、立場を明確に決め、その内容に沿って書いていく。
・わかりやすい表現を心がける。自信のない表現や漢字は使わない。
さらにくわしい作文の書き方・作文例はこちら！→https://kyoei-syuppan.net/mobile/files/sakupo.html

《算　数》

1　(ア)75　(イ)25　(ウ)26　(エ)3　(オ)7　(カ)32　(キ)8　(ク)6　(ケ)183　(コ)2
(サ)3　(シ)4　(ス)84　(セ)1　(ソ)95000　(タ)99500

2　(ア)8.631　(イ)0.08　(ウ)$4\frac{2}{9}$

3　(1)88日間　(2)3月28日　(ア)11　(イ)23　((ア)と(イ)は順不同)

4　(ア)9　(イ)0.75　(ウ)500　(エ)686

5　(ア)32　(イ)8　(ウ)101000　(エ)42　(オ)10011　((ア)と(イ)は順不同)

6　(1)60　(2)18.84　(3)37.68

7　(1)25　(2)16　(3)右図

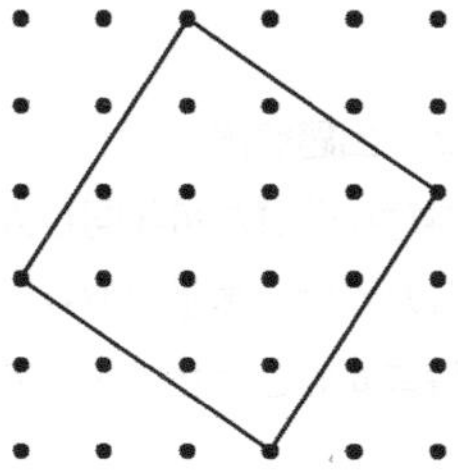

8　(ア)3　(イ)36　(ウ)1236　(エ)23　(オ)100　(カ)800
(2)$(\frac{2}{5}-\frac{1}{3})\times 15=\frac{2}{5}\times 15-\frac{1}{3}\times 15=6-5=1$
(3)$198\times 17-188\times 17=(198-188)\times 17=10\times 17=170$
(4)$103\times 103=10000+300+300+9=10609$

1 (1)　ア：100＝３：(３＋１)＝３：４だから，ア＝100×$\frac{3}{4}$＝**75**，イ＝75×$\frac{1}{3}$＝**25**

75人を１列に並べたとき，前から50番目の人の後ろには75−50＝25(人)並んでいるから，後ろから数えると25＋１＝**26**(番目)である。

(2)　６の約数は１，２，３，６である。このうちとなりに６の約数がある数は１，２，３である。１は両どなりに数がないので，条件に合わない。２の両どなりの数の和は１＋３＝４で６の倍数ではない。３の両どなりの数の和は２＋４＝６で６の倍数である。よって，求める番号は**3**である。

(3)　100分前は120分前＝２時間前の20分後だから，午前９時12分−２時間＋20分＝午前**7**時**32**分

(4)　答えの一の位が７なので，３はクより小さいから，13−ク＝７より，ク＝13−７＝**6**

したがって，キ＝４＋３＋１＝**8**

(5)　２つの２けたの整数の和を最も大きくするために，十の位を９と８にする。一の位は残った数のうち最も大きい７と６にすればよいので，最も大きい和は，97＋86＝**183**(96＋87＝183でもよい)

２つの２けたの整数の差を最も小さくするために，十の位の差を１にして，一の位は１と９にする。例えば31と29にする。よって，最も小さい差は，31−29＝**2**

(6)　ある数を０で割ることはできないので，１÷０は割り算できない。

０をある数で割ると商は０になるので，０÷１＝０である。よって，**3**が正しい。

(7)　ある整数は，９×12＋８＝116だから，116÷８＝14余り**4**

(8)　**【解き方】和差算を利用する。**

まなさんの枚数を30枚少なくすると，２人が折る枚数は同じになり，合計は198−30＝168(枚)となる。

よって，さとしさんの折る枚数は，168÷２＝**84**(枚)

(9)　633×19＋７＝12034から，12034を633で割ると，商が19で余りが７になるとわかる。よって，**1**が正しい。

(10)　千の位で四捨五入した場合に最も小さい数は，千の位が５でそれよりも大きい位がすべて９だから，**95000**である。百の位で四捨五入した場合に最も小さい数は，百の位が５でそれよりも大きい位がすべて９だから，**99500**である。

2 (2)　0.17×37＝6.29だから，求める余りは，6.37−6.29＝**0.08**

(3)　与式より，ウ＝５−$\frac{7}{9}$＝４$\frac{9}{9}$−$\frac{7}{9}$＝**４$\frac{2}{9}$**

3 (1)　2024÷23＝**88(日間)**

(2)　１月は31日まで，２月は29日まであるから，２月29日までに31＋29＝60(日)ある。

よって，３月に88−60＝28(日)読めば読み終わるから，**３月28日**に読み終わる。

(3)　(1)より23は2024の約数だから，2024÷８＝253も23で割り切れる。253÷23＝11だから，2024＝８×**11**×23

なお，自分が受験する年度の西暦の数を素数の積で表した式は暗記しておくこと。

4 (1)　24.3÷2.7＝**9**(k㎡)

(2)　4.2÷5.6＝**0.75**(倍)

(3)　もとの量の120％はもとの量の$\frac{120}{100}$＝$\frac{6}{5}$(倍)だから，もとの量は，600÷$\frac{6}{5}$＝**500**(mL)

(4)　あんパンは20％引きで１個130×(１−$\frac{20}{100}$)＝130×$\frac{4}{5}$＝104(円)，カレーパンは15％引きで１個220×(１−$\frac{15}{100}$)＝220×$\frac{17}{20}$＝187(円)である。よって，合計金額は，104×３＋187×２＝**686**(円)

5 (1) 40＝**32＋8**

(2) 40gは右表のようになるから，**101000**Gである。

おもり	32g	16g	8g	4g	2g	1g
個数	1	0	1	0	0	0

(3) 101010G＝32＋8＋2＝**42**(g)

(4) 111G＝4＋2＋1＝7(g)，1100G＝8＋4＝12(g)だから，7＋12＝19＝16＋2＋1(g)より，**10011**Gである。なお，単位をgとする重さを2進数で表したものが□Gである。よって，111G＋1100G＝1211Gで，2進数は2で1つ上の位にくり上がるから，1211G→2011G→10011Gとなる。

6 (1) 図の中の直線の長さはすべて6cmなので，正六角形は6つの正三角形に分けられている。よって，㋐＝**60°**

(2) **【解き方】面積を変えずに影のついた部分を変形する。**

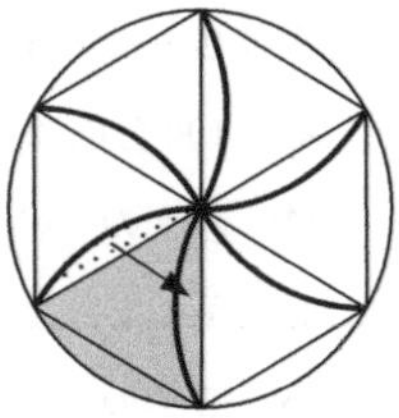

右図のように変形できるので，半径6cm，中心角60°のおうぎ形の面積を求めればよい。

$6\times6\times3.14\times\frac{60^\circ}{360^\circ}=6\times3.14=$**18.84**(cm²)

(3) 太い線1本の長さは，半径6cm，中心角60°のおうぎ形の曲線部分の長さだから，求める長さは，$(6\times2\times3.14\times\frac{60^\circ}{360^\circ})\times6=12\times3.14=$**37.68**(cm)

7 (1) 面積が1cm²の正方形は1辺の長さが1cmだから，縦に5個，横に5個並ぶ。全部で5×5＝**25**(個)できる。

(2) **【解き方】ななめにかたむけた正方形を考える。**

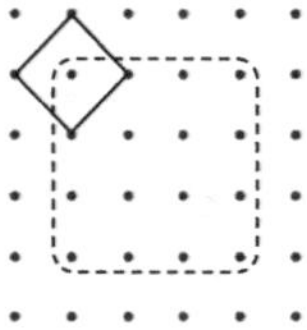

右図の正方形をひし形と見て面積を求めると，2×2÷2＝2(cm²)になる。したがって，この正方形がいくつできるか求める。この正方形の対角線が交わる点は，図の点線の中の●におくことができる。よって，求める個数は，4×4＝**16**(個)

(3) **【解き方】同じ整数を2つかけて13になることはないから，ななめの正方形を考える。**

ななめの正方形は，合同な直角三角形4つで囲むことで作ることができる。

図の一番外側の●を結ぶと1辺が5cmの正方形ができ，その面積は5×5＝25(cm²)である。この中に面積が13cm²の正方形を作るので，四隅《よすみ》に面積が(25－13)÷4＝3(cm²)の直角三角形を作ればよい。よって，直角をはさむ2辺が2cmと3cmの直角三角形を四隅に作ればよいので，解答例のようになる。

8 (1) 103×12＝(100＋ア**3**)×12＝100×12＋3×12＝1200＋イ**36**＝ウ**1236**

8×77＋8×23＝8×(77＋エ**23**)＝8×オ**100**＝カ**800**

(2) 分配の決まりを使うことで，通分する手間をかけずに，簡単に整数にして計算できる。

(3) 分配の決まりを逆向きに使うことで計算が簡単になるこのような式は，中学受験でよく出題される。

(4) 右のような面積図で考えるとわかりやすい。

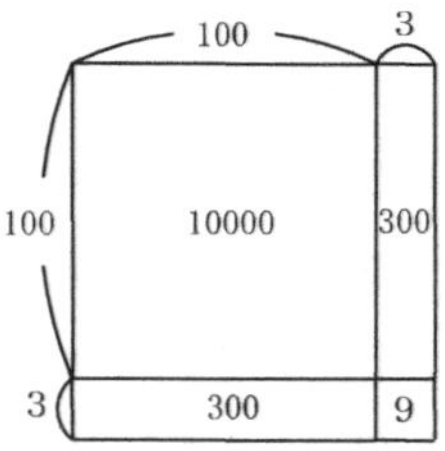

静岡学園中学校

《国　語》

一　問一．①以降　②意向　③改心　④会心　⑤回想　⑥改装　⑦史上　⑧試乗　⑨進行　⑩親交

問二．①一　②自　③絶　④多　⑤誠　　問三．①千　②筆　③背　　問四．①おっしゃった　②いたします

二　問一．ア　　問二．Ⅱ．ウ　Ⅲ．オ　　問三．①知識の問題　③生きる上でさしあたって必要でないもの

問四．大きな真理　　問五．【C】　　問六．生きる意欲　　問七．大きな視点から見る　　問八．イ，エ

三　問一．宝山美乃里が同じホテルなら、自分のホテルが上位組だとわかるから。　　問二．ア　　問三．イ

問四．ウ　　問五．a．エ　b．ア　c．イ　　問六．ア　　問七．ア

四　問一．①ウ　②エ　③ア　　問二．④減っ　⑤減っ　⑥増え　　問三．⑦イ　⑧エ　⑨オ　　問四．イ

《算　数》

1　(1)30　(2)19　(3)15　(4)$\frac{14}{15}$　(5)$\frac{4}{21}$　(6)3

2　ア．2.023　イ．640　ウ．$\frac{5}{8}$　エ．87　オ．3　カ．0.2

キ．3　ク．8　ケ．9　コ．3 (キとクの組み合わせと，ケとコの組み合わせは順不同)　サ．1360　シ．2.9

3　(1)30　(2)8，50　(3)4　(4)8，47

4　(1)3　(2)5　(3)右図

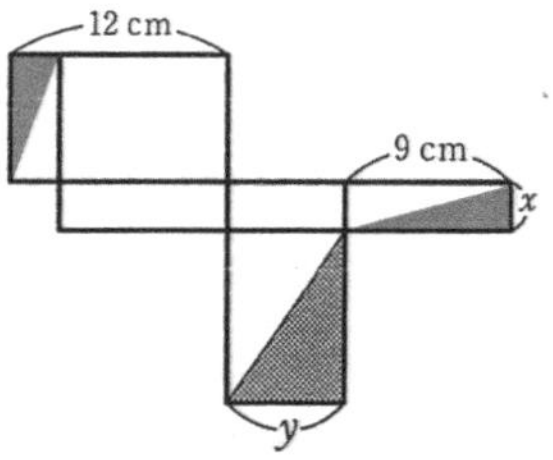

5　(1)67.1　(2)57

6　(1)56　(2)2925　(3)19

7　(1)1，51，101　(2)25，49　(3)151　(4)332

8　(1)7，1　(2)9，54，8　(3)32，729，32

9　ア．16　イ．112　ウ．2　エ．56　オ．64　カ．140

2023 算数解説 令和5年度 静岡学園中学校

1 (1) 与式$=8+24-2=\mathbf{30}$

(2) 与式$=9+30\div3=9+10=\mathbf{19}$

(3) 与式$=6+9=\mathbf{15}$

(4) 与式$=\frac{5}{6}-\frac{3}{6}+\frac{3}{5}=\frac{1}{3}+\frac{3}{5}=\frac{5}{15}+\frac{9}{15}=\mathbf{\frac{14}{15}}$

(5) 与式$=\frac{2}{9}\times\frac{10}{7}\times\frac{3}{5}=\mathbf{\frac{4}{21}}$

(6) 与式$=60\times\frac{7}{15}-60\times\frac{5}{12}=28-25=\mathbf{3}$

2 (1) 1kgは1000gだから，2023gは$\frac{2023}{1000}$kg$=$**2.023kg**となる。

(2) 40%は0.4と表せる。よって，1600×0.4=**640**(円)

(3) 0.625は小数第3位まであるから，分母を1000とすればよいので，$0.625=\frac{625}{1000}=\mathbf{\frac{5}{8}}$

(4) **【解き方】(平均点)＝(合計点)÷(個数)で求められる。**

3人の合計点は95+80+86=261(点)だから，平均点は261÷3=**87**(点)

(5) **【解き方】3.5Lを1.1Lで割ったときの筆算は右のようになる。余りに小数点がつくので気をつける。**

右の筆算より，3.5÷1.1=3余り0.2だから，水とうが**3**個できて，ジュースは**0.2**L余る。

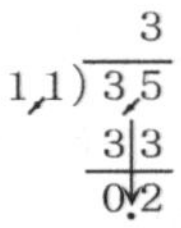

(6) **【解き方】63から6の倍数を引いた差が5の倍数となればよいので，**

6円切手の枚数と，その枚数のときの63との差を表にすると下の表のようになる。

6円切手(枚)	1	2	3	4	5	6	7	8	9	10
63との差	57	51	45	39	33	27	21	15	9	3

表より，6円切手が**3**枚のときに5円切手が45÷5=**9**(枚)，6円切手が**8**枚のときに5円切手が15÷5=**3**(枚)となればよい。

(7) 音の速さは秒速340mだから，花火が上がって4秒後に音が聞こえたとき，340×4=**1360**(m)離《はな》れている。また，1km=1000m離れた場所では，1000÷340=2.94…より，およそ**2.9**秒後に音が聞こえる。

3 (1) **【解き方】A駅からC町停留所までにかかった時間と道のりの関係を考える。**

A駅からC町停留所までは5+3=8(km)，かかった時間は午前8時56分－午前8時40分=16分$=\frac{16}{60}$時間だから，求める速さは，$8\div\frac{16}{60}=8\times\frac{60}{16}=30$より時速**30**km

(2) A駅からB町停留所までは5kmだから，かかった時間は$5\div30=\frac{1}{6}$(時間)つまり，$\frac{1}{6}\times60=10$(分)となる。よって，求める時刻は，午前8時40分+10分=午前**8**時**50**分

(3) C町停留所からD駅までかかった時間は，午前9時4分－午前8時56分=8分である。よって，求める道のりは，$30\times\frac{8}{60}=\mathbf{4}$(km)

(4) **【解き方】午前8時30分に出発したバスが午前8時40分まで走った後の道のりを，2台のバスが同じ速度で両方向から近づくと考える。**

午前8時30分にD駅を出発したバスは午前8時40分までの10分間で，$30\times\frac{10}{60}=5$(km)走る。よって，残りの5+3+4－5=7(km)の道のりを2台のバスが両方向から同じ速さで近づくから，午前8時40分にA駅を出発したバスは，7÷2=3.5(km)進んで，もう1台のバスとすれ違う。バスが3.5km進むのにかかる時間は，3.5÷30×60=7(分)だから，求める時刻は午前**8**時**47**分となる。

4 ⑴　**【解き方】図１の展開図を山折りに組み立てたときの長さが書かれた辺の位置は図ｉの見取り図に対応する。**

図１で長さが 12 cmと書かれた辺は，図ｉの太線部分に対応する。よって，

x＋９＝12　　x＝12－９＝**３**(cm)

⑵　図ｉより，直方体の体積はx×y×９で求められる。よって，

３×y×９＝135　　y＝135÷27＝**５**(cm)

図ｉ

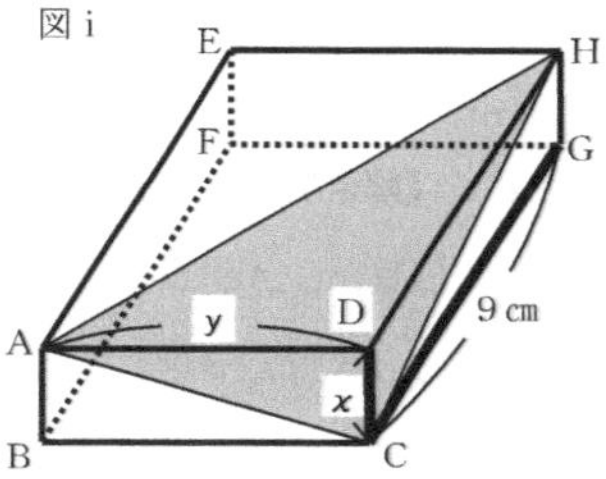

⑶　**【解き方】図ｉの頂点を展開図に反映させると図ⅱのようになる。**

図ⅱで，面ＤＡＢＣ上の三角形ＤＡＣと，面ＧＨＤＣ上の三角形ＨＤＣをぬればよい。

図ⅱ

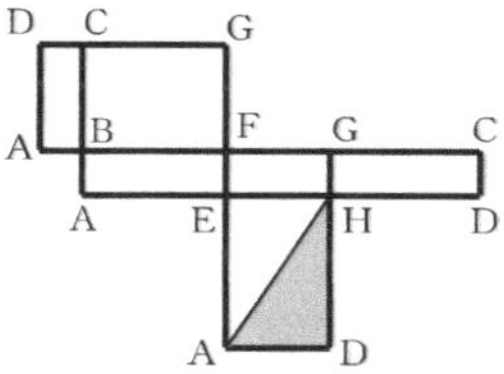

5 ⑴　**【解き方】色つき部分の周りの長さは，直径 20 cmの円周の$\frac{1}{2}$と半径 20 cmの円周の$\frac{45°}{360°}$＝$\frac{1}{8}$に 20 cmを足した値《あたい》である。**

求める長さは，$20\times3.14\times\frac{1}{2}+20\times2\times3.14\times\frac{1}{8}+20=(10+5)\times3.14+20=$**67.1**(cm)

⑵　**【解き方】右図のように色つき部分を移動して考える。**

求める面積は，半径 20 cmの円の面積の$\frac{1}{8}$から対角線の長さが 20 cmの正方形の面積の$\frac{1}{2}$を引いた面積だから，$20\times20\times3.14\times\frac{1}{8}-20\times20\times\frac{1}{2}\times\frac{1}{2}=157-100=$**57**(cm²)

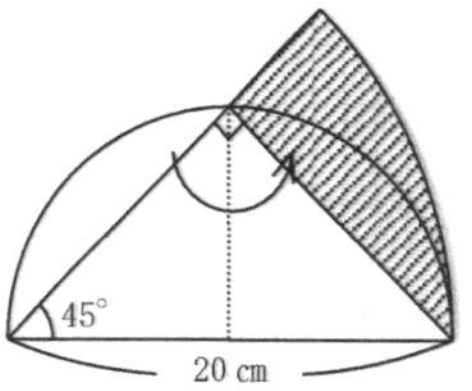

6 ⑴　**【解き方】例と同じように計算する。**

５★９＝(５と９の和)×(５と９の差)＝(５＋９)×(９－５)＝14×４＝**56**

⑵　**【解き方】先に８★３を求める。**

８★３＝(８＋３)×(８－３)＝11×５＝55 より，10★(８★３)＝10★55＝(10＋55)×(55－10)＝65×45＝**2925**

⑶　**【解き方】□に１を足した数と□から１を引いた数の積が 360 となるので，差が２，積が 360 である２つの整数を考えればよい。**

右の筆算より，360＝２×２×２×３×３×５であり，これを２つの整数の積で表す。19×19＝361 だから，２数は 19 に近い数だと考えると，18×20 を見つけやすい。よって，□＝18＋１＝**19**

２) 360
２) 180
２)　90
３)　45
３)　15
　　　５

7 ⑴　**【解き方】例えば４番目の三角形では，右図の○で囲んだ部分に４個ずつの数が並ぶ。このように，ｎ番目の三角形では，○で囲んだ部分に○個ずつの数が並ぶ。**

50 番目の三角形の一番上の数は**１**，左下の数は 50＋１＝**51**，右下の数は 50×２＋１＝**101**

⑵　**【解き方】右下の数は連続する奇数となっているので，50 が最初に一番下に並ぶのは右下の数が 51 のときである。**

右下の数が 51 のとき，そのすぐ左の数は 50 だから，この三角形は 50÷２＝25(番目)である。

左下の数が 50 となるのは 49 番目の三角形である。よって，50 が一番下に並ぶのは **25** 番目から **49** 番目となる。

⑶　**【解き方】一番下の真ん中の数は，左下の数と右下の数の平均である。**

100 番目の三角形の左下の数は 100＋１＝101，右下の数は 100×２＋１＝201 だから，求める数は(101＋201)÷２＝**151**

⑷　**【解き方】ｎ番目の三角形において，左下の数はｎ＋１，右下の数はｎ×２＋１と表せるから，３つの頂点の数の和は，１＋(ｎ＋１)＋(ｎ×２＋１)＝ｎ×３＋３＝(ｎ＋１)×３と表せる。**

(ｎ＋１)×３＝999 より，ｎ＋１＝999÷３　　ｎ＝333－１＝332　　よって，**332** 番目の三角形である。

8 ⑴　決まりにしたがって整数を並べていくと，34→33→11→12→4→3→1となる。

よって，**7**番目で終了して最後の数字は**1**である。

⑵　**【解き方】1で終了する場合と2で終了する場合を分けて，4番目から1番目まで逆にたどっていく。**

3の倍数は，<決まり>①②③のいずれからもできるので，3の倍数から逆にたどるときは，3倍した数と，1を足した数と，1を引いた数の3通りを考える。3で割ると1余る数は<決まり>①からしかできず，3で割ると2余る数も，<決まり>①からしかできない。したがって，3の倍数以外の数から逆にたどるときは，3倍した数だけを考える。

図ｉ

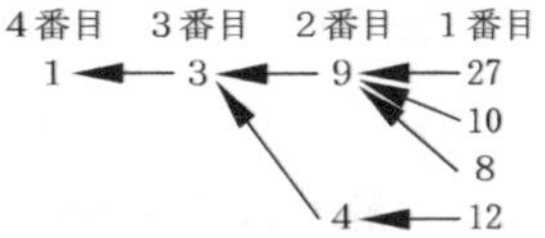

図ⅱ

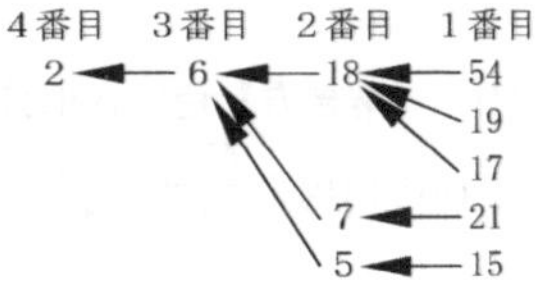

4番目が1になる場合，図ｉのように逆算できる(3から逆にたどる場合のみ1を引いた数は考えなくてよい)。4番目が2になる場合，図ⅱのように逆算できる。

よって，1番目の整数は全部で**9**個あり，その中で一番大きな整数は**54**，一番小さな整数は**8**である。

⑶　**【解き方】⑵の図ｉの3番目に3があるので，6番目に3があるとき，4番目の数は27，10，8，12のいずれかである。したがって，これらの数から逆にたどっていくが，逆にたどっていくときの数の増え方に規則性があることを利用する。**

4番目から1番目の数までは3つ逆にたどる必要がある。

3の倍数から逆にたどる場合，図ⅱの3番目の6に注目する。6から2つ逆にたどると，54，19，17，21，15と5個の数になり，そのうち3の倍数は3個(54，21，15)，3の倍数以外は2個(19，17)ある。さらに1つたどるとき，3の倍数は3個ずつになり，3の倍数以外は1個になるので，全部で3×3＋1×2＝11(個)になる。

つまり，6番目が3のとき，4番目の数のうちの3の倍数(27，12)から逆にたどると，1番目の数は11個ずつになるから，1番目の数は11×2＝22(個)できる。

3の倍数以外から3つ逆にたどる場合，図ⅱの4番目の2に注目する。2から3つ逆にたどると5個の数になる(54，19，17，21，15)。つまり，6番目が3のとき，4番目の数のうちの3の倍数以外(10，8)から逆にたどると，1番目の数は5個ずつになるから，1番目の数は5×2＝10(個)できる。

よって，6番目の整数が3のとき，1番目の整数は全部で22＋10＝**32**(個)ある。

そのうち一番大きな整数は，逆にたどるとき3倍し続けてできる数だから，27×3×3×3＝**729**

一番小さな整数は，逆にたどるとき1を引くことと3倍することをくり返してできる数である。ただし，3から逆にたどるとき最初は1を引けないので，1を足すことにすると，3←4←12←11←33←32となる。よって，一番小さな整数は**32**である。

9　[楽譜1]では全部で4小節ある。四分音符は1小節あたり4個入っているので，4小節では4×4＝**16**(個分)入っている。校歌の楽譜は28小節あるので，四分音符は4×28＝**112**(個分)入っている。

次に，60：[ウ]＝120：4だから，[ウ]＝$60\times\frac{4}{120}$＝**2**　　よって，校歌は2×28＝**56**(秒)かかる。

また，♩＝105のとき60秒間に105個分の四分音符を数えるので，60：[エ]＝105：112だから，[エ]＝$60\times\frac{112}{105}$＝**64**

校歌を48秒で歌うとき，60：48＝[オ]：112だから，[オ]＝$112\times\frac{60}{48}$＝**140**

★静岡学園中学校

《国　語》

一　問一．①みみへん　②にくづき　　問二．四　　問三．①ウ　②イ　　問四．中心〔別解〕中央

問五．用意〔別解〕支度　　問六．枝葉末節　　問七．①エ　②ウ

二　問一．すべての人～いけない。〔別解〕一般の人々～ならない。／普通の人も～えなければ　　問二．科学的に見ないと正しくものが理解できないという意見に疑問をもち、自分で考え始めた　　問三．ウ〔別解〕ア

問四．うまくいかない　　問五．論理が通れば正しいと考える　　問六．だまされる　　問七．人間

三　問一．お姉ちゃんの引越し　　問二．ミカも残念そうやった　　問三．ウ　　問四．ウ　　問五．ウ

問六．ぼくが、お姉ちゃんにもう会えない気がしてしまう理由〔別解〕ぼくが、お姉ちゃんに何を言いたかったのかということ

四　①ウ　　②エ

《算　数》

1　(1)37.06　　(2)$2\frac{4}{9}$　　(3)$2\frac{1}{3}$　　(4)9

2　(1)19　　(2)①10　②3350

3　(1)＝　　(2)＞　　(3)＜

4　(1)①イ　②ア　　(2)③ウ　④イ　⑤ア　　(3)イ

5　(1)60　　(2)①11　②0.5　　(3)1240　　(4)500　　(5)320　　(6)7

6　(1)20，２，２　　(2)137　　(3)14，０，６

7　(1)36　　(2)64　　(3)1782

8　４つの辺の長さがすべて等しく，４つの角の大きさがすべて等しい

9　(1)５　　(2)15　　(3)300

10　28.5

11　(1)右図　　(2)右図

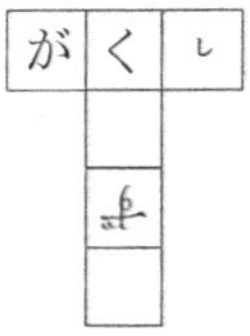

11(1)の図

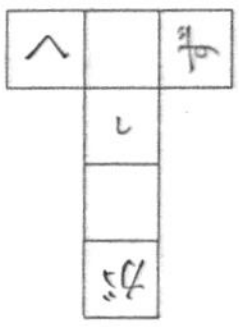

11(2)の図

【算数の解説】

1　(2)　与式$=\frac{77}{9}\times\frac{2}{7}=\frac{22}{9}=2\frac{4}{9}$

(3)　与式$=\frac{77}{9}\div\frac{11}{3}=\frac{77}{9}\times\frac{3}{11}=\frac{7}{3}=2\frac{1}{3}$

(4)　与式$=6\div\frac{2}{3}=6\times\frac{3}{2}=9$

2　(1)　19×100＝19×(99＋１)＝19×99＋19×１＝19×99＋19

(2)　335×5.1＋335×4.9＝335×(5.1＋4.9)＝335×①10＝②3350

3　(1)　(100を10000個集めた数)＝100×10000＝1000000，(10000を100個集めた数)＝10000×100＝1000000だから，□には「＝」が入る。

(2)　１より大きい数で割ると元の数より小さくなり，１より小さい数で割ると元の数より大きくなる。

0.9は1より小さいから，□には「＞」が入る。

(3)　a ： bの比の値は$\frac{a}{b}$だから，$\frac{2}{3}$□$\frac{3}{2}$となるので，□には「＜」が入る。

4　(1)　**【解き方】(割られる数)÷(割る数)で求められるのは，割る数の単位1つあたりの，割られる数の量である。**

4.8m÷1.2kgから求められるのは1kgあたりのm数，1.2kg÷4.8mから求められるのは1mあたりのkg数である。

(2)　**【解き方】すべて分速○mの形に直して比べる。**

時速42km＝分速$\frac{42\times1000}{60}$m＝分速700m，秒速1300cm＝分速$\frac{1300\times60}{100}$m＝分速780mだから，速い順に，ウ，イ，ア

(3)　(直径)×(円周率)＝(円周)だから，(円周)÷(円周率)＝(直径)

5　(1)　前から数えて40番目の子どもの後ろには99－40＝59(人)いるから，後ろから数えると，59＋1＝60(番目)

(2)　14.8÷1.3＝11余り0.5より，花かざりは①11個できて，テープは②0.5m余る。

(3)　49×25＋15＝1240

(4)　1L＝10dL＝1000mLだから，1dL＝$\frac{1000}{10}$mL＝100mLなので，5dL＝500mL

(5)　走る道のりはガソリンの量に比例するから，480×$\frac{40}{60}$＝320(km)

(6)　$\frac{630}{900}$×10＝7(割)

6　(1)　1箱には10×10＝100(冊)入れるから，2022÷100＝20余り22より，20箱できて残り22冊となる。

22冊は2セットと2冊だから，2022冊は20箱と2セット，余り2冊である。

(2)　1箱には6×6＝36(冊)入れるから，ノートは全部で，36×3＋6×4＋5＝137(冊)

(3)　1箱には12×12＝144(冊)入れるから，2022÷144＝14余り6より，14箱できて残り6冊となる。

よって，2022冊は14箱と0セット，余り6冊である。

7　(1)　**【解き方】十の位の数の選び方は2～7の6通りあり，その1通りごとに一の位の数の選び方が2～7の6通りある。**

6×6＝36(個)

(2)　**【解き方】十の位の数が7の整数は6個できるから，十の位の数が6の整数のうち，大きい方から10－6＝4(番目)の整数を求める。**

十の位の数が6の整数は大きい方から順に，67，66，65，64，…となるから，求める数は64である。

(3)　**【解き方】36個すべての整数において，十の位の数には2～7の6種類の整数が6個ずつ現れ，一の位の数でも同様に2～7の6種類の整数が6個ずつ現れる。**

筆算をイメージするとわかりやすいが，36個すべての整数の一の位の数の和は，

2×6＋3×6＋4×6＋5×6＋6×6＋7×6＝(2＋3＋4＋5＋6＋7)×6＝27×6＝162となる。

また，36個すべての整数の十の位の数の和も162となる。よって，すべての数の和は，162＋1620＝1782

8　「4つの辺の長さがすべて等しい四角形」という条件だけだと，ひし形を表すことになる。

「4つの角の大きさがすべて等しい四角形」という条件だけだと，長方形を表すことになる。

正方形はひし形でもあり長方形でもある四角形なので，以上の2つの条件を両方満たす。

9 ⑴ **【解き方】3つの角が 30°，60°，90°の三角定規を2枚合わせると，正三角形ができる。**

1辺が 10 cmの正三角形ができているから，(ア)＝10÷２＝５(cm)

⑵ **【解き方】直角二等辺三角形を2等分すると合同な直角二等辺三角形が2つできることを利用する。**

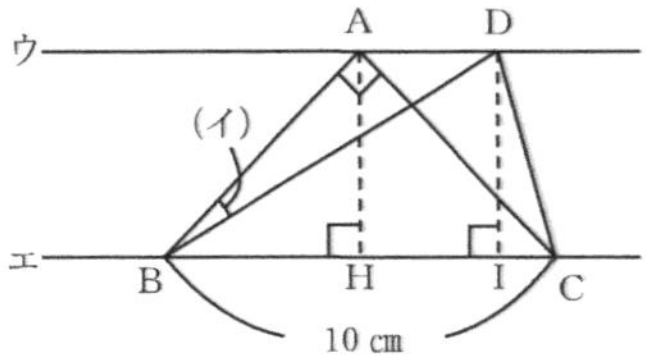

右のように作図すると，三角形ＡＢＨと三角形ＡＣＨは合同な直角二等辺三角形になるから，ＡＨ＝ＢＨ＝10÷２＝５(cm)　　ＤＩ＝ＡＨ＝５cm

したがって，三角形ＢＤＩはＢＤ：ＤＩ＝10：５＝２：１の直角三角形だから，

３つの角が 30°，60°，90°の直角三角形である(⑴参照)。よって，(イ)＝45°－30°＝15°

⑶ **【解き方】正十二角形が 12 等分されて，合同な二等辺三角形が 12 個できている。この三角形の面積を求める。**

正十二角形が 12 等分されてできる二等辺三角形の３つ角のうち一番小さい角の大きさは，360°÷12＝30°だから，

この二等辺三角形は⑵の三角形ＢＣＤと合同な三角形とわかる。⑵より，二等辺三角形１個の面積が

10×５÷２＝25(㎠)だから，正十二角形の面積は，25×12＝300(㎠)

10 **【解き方】斜線部分の一部は，右図のように面積を変えずに移動できる。**

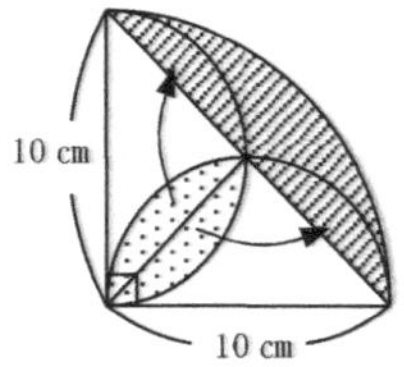

半径が 10 cmの円の面積の$\frac{1}{4}$から，直角をはさむ２辺が 10 cmの直角二等辺三角形の面積

を引けばよいので，$10\times10\times3.14\times\frac{1}{4}-10\times10\div2=25\times3.14-50=28.5$(㎠)

11 ⑴ **【解き方】「し」が右の面になるような展開図の組み立て方をイメージして，側面に並ぶ面がどの面かを考える。**

図１

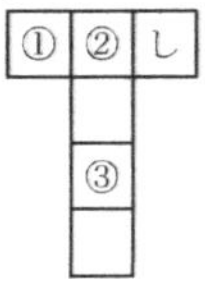

図２

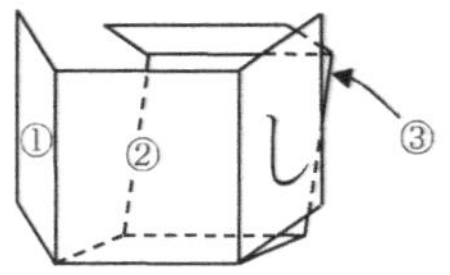

右の図１と図２で同じ番号をつけた面どうしは同じ面である。したがって，③は「ず」，①は「が」，②は「く」となるが，③の「ず」は展開図で上下反対に書くことに注意する。

⑵ **【解き方】「し」が正面になるような展開図の組み立て方をイメージして，側面に並ぶ面がどの面かを考える。**

図３

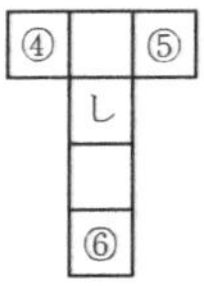

図４

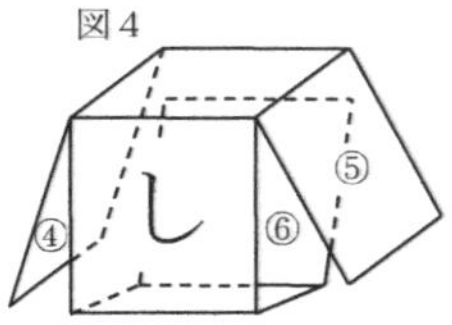

右の図３と図４で同じ番号をつけた面どうしは同じ面である。したがって，⑤は「ず」，⑥は「が」，④は「く」となるが，各文字の向きに注意して書くこと。

★静岡学園中学校

《国　語》

【一】問一．①まだれ　②おおがい　　問二．三　　問三．①ア　②イ　　問四．強制
　問五．賛成〔別解〕賛同　　問六．本末転倒　　問七．①ウ　②イ

【二】問一．ア　　問二．現代社会では、常に競争にさらされる〔別解〕人間の脳は比較しなければ理解できない
　問三．いっぱい負けた　　問四．ナンバ～つける　　問五．得意なことを探すため
　問六．ペンギン／アザラシ／カバ／モモンガ　　問七．ア

【三】問一．イ　　問二．エ　　問三．先輩た～やつら　　問四．高校からサ～くなかった　　問五．エ　　問六．ウ

【四】①ウ　　②エ　　③イ　　④エ

《算　数》

1　(1)6　　(2)6.79　　(3)17　　(4)13.1　　(5)7

2　(1)3　　(2)2，3，5，8　　(3)64　　(4)24　　(5)61，67　　(6)1.1

3　286 ㎠

4　(1)C，B，D，C，A　　(2)右グラフ　　(3)B，C，C，C，3

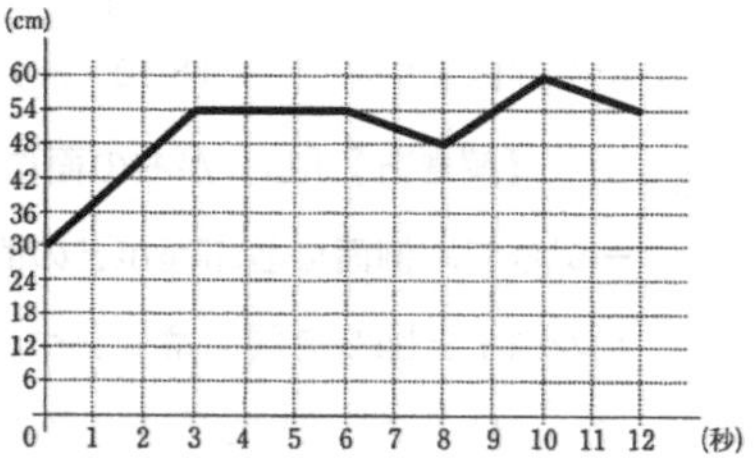

5　(1)29　　(2)58　　(3)10★9　　(4)49

6　$1-\frac{1}{2\times2}=\frac{1}{2}\times\frac{\boxed{3}}{2}$　　$1-\frac{1}{3\times3}=\frac{2}{3}\times\frac{\boxed{4}}{3}$　　$1-\frac{1}{4\times4}=\frac{3}{4}\times\frac{\boxed{5}}{4}$

$1-\frac{1}{5\times5}=\frac{\boxed{4}}{5}\times\frac{\boxed{6}}{5}$

$(1-\frac{1}{2\times2})\times(1-\frac{1}{3\times3})\times(1-\frac{1}{4\times4})\times(1-\frac{1}{5\times5})=\frac{1}{2}\times\frac{\boxed{3}}{2}\times\frac{2}{3}\times\frac{\boxed{4}}{3}\times\frac{3}{4}\times\frac{\boxed{5}}{4}\times\frac{\boxed{4}}{5}\times\frac{\boxed{6}}{5}=\frac{1}{2}\times\frac{\boxed{6}}{5}=\frac{\boxed{3}}{\boxed{5}}$

$(1-\frac{1}{2\times2})\times(1-\frac{1}{3\times3})\times(1-\frac{1}{4\times4})\times\cdots\times(1-\frac{1}{50\times50})$

$=\frac{1}{2}\times\frac{3}{2}\times\frac{2}{3}\times\frac{4}{3}\times\frac{3}{4}\times\frac{5}{4}\times\cdots\times\frac{49}{50}\times\frac{51}{50}=\frac{1}{2}\times\frac{51}{50}$

$=\frac{\boxed{51}}{\boxed{100}}$

7　(1)792→693→594→495　5　　(2)198，297，396，495，594，693，792，891，990　　(3)198，891　　(4)6

【算数の解説】

1　(1)　与式＝18－12＝6　　　(2)　与式＝7.36－2.27＋1.7＝5.09＋1.7＝6.79

(3)　与式$=21-(\frac{24}{3}+\frac{2}{3})\times\frac{6}{13}=21-\frac{26}{3}\times\frac{6}{13}=21-4=17$

(4)　与式＝8.99＋4.11＝13.1　　　(5)　与式＝24＋3÷3－9×2＝24＋1－18＝25－18＝7

2　(1)　**【解き方】表にまとめて考える。**

まとめると右表のようになる。㋐＝36－12＝24，㋑＝24－18＝6だから，

求める数は，㋒＝9－6＝3

		お兄さん		合計
		いる	いない	
お姉さん	いる	㋒	㋑	9
	いない		18	
合計		12	㋐	36

(2)　2358＝2000＋300＋50＋8＝1000×2＋100×3＋10×5＋1×8

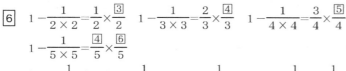

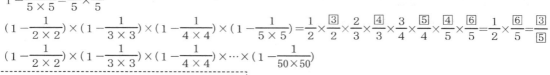

⑶　車輪を１回転させると，50×3.14＝157(㎝)進む。よって，100m＝10000 ㎝走るには，10000÷157＝63 余り 109 より，最低でも車輪を 63＋１＝64(回転)させなければならない。

⑷　**【解き方】ひし形の面積は，(対角線の長さ)×(対角線の長さ)÷２で求められる。**

面積は 12 ㎠だから，２本の対角線の長さの積は，12×２＝24

⑸　素数とは，１とその数自身のみを約数にもつ数である。

60 以上 70 未満の素数は小さい順で，61，67 の２つある。

⑹　**【解き方】電車が鉄橋を渡り始めてから渡り終えるまでに進んだ道のりは，1530＋120＝1650(m)である(右図参照)。**

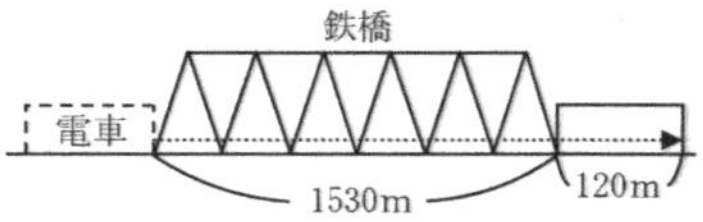

時速 90 ㎞＝分速$\frac{90\times1000}{60}$m＝分速 1500mだから，求める時間は，1650÷1500＝1.1(分)

3　**【解き方】求める面積は，１辺が 20 ㎝の正方形の面積から，半径が 20÷２＝10(㎝)の円の面積をひき，さらに対角線の長さが 20 ㎝の正方形の面積を足せばよい。**

正方形(ひし形)の面積は(対角線の長さ)×(対角線の長さ)÷２で求められるから，

求める面積は，20×20－10×10×3.14＋20×20÷２＝400－314＋200＝286(㎠)

4　⑴　**【解き方】Ａを押すと２秒間で６×２＝12(㎝)前へ進み，Ｂを押すと３秒間で８×３＝24(㎝)前へ進み，Ｃを押すと２秒間で３×２＝６(㎝)後へ戻る。**

最初の２秒間で 30－24＝６(㎝)後へ戻ったから，最初はＣを押した。次の５－２＝３(秒間)で 48－24＝24(㎝)前へ進んだから，２回目にＢを押した。次の８－５＝３(秒間)は止まっていたから，３回目はＤを押した。次の 10－８＝２(秒間)で 48－42＝６(㎝)後へ戻ったから，４回目はＣを押した。次の 12－10＝２(秒間)で 54－42＝12(㎝)前へ進んだから，５回目はＡを押した。まとめると，Ｃ→Ｂ→Ｄ→Ｃ→Ａ→スタートの順となる。

⑵　⑴をふまえる。Ｂ→Ｄ→Ｃ→Ａ→Ｃ→スタートの順に押すと，ロボットのかべからの距離《きょり》が，３秒後に 30＋24＝54(㎝)，３＋３＝６(秒後)に 54 ㎝，６＋２＝８(秒後)に 54－６＝48(㎝)，８＋２＝10(秒後)に 48＋12＝60(㎝)，10＋２＝12(秒後)に 60－６＝54(㎝)となる。

よって，点(０秒，30 ㎝)(３秒，54 ㎝)(６秒，54 ㎝)(８秒，48 ㎝)(10 秒，60 ㎝)(12 秒，54 ㎝)を直線で結べばよい。

⑶　**【解き方】⑴をふまえる。Ｄの前に押した４つのボタンで９秒間ロボットが移動する。また，ロボットはこの９秒間で合わせて 36－30＝６(㎝)だけ前へ進む。**

Ａ，Ｂ，Ｃのボタン１回で移動する時間は２秒間か３秒間なので，４回のボタンで９秒間移動するのは，２＋２＋２＋３＝９より，１回だけ３秒間移動するＢを押し，残り３回は２秒間移動するＡかＣを押したときである。このとき，Ｂで 24 ㎝前に進むから，条件に合うためには，残り３回のボタンで 24－６＝18(㎝)後へ戻らなければならない。そのような移動をするのはＣを３回押すときしかないので，押すボタンは，Ｂが１回，Ｃが３回である。押し方は，Ｂを１回目，２回目，３回目，４回目に押す場合があるから，全部で４通りある。なお，Ｂを４回目に押した場合でも，Ｃ３回の移動で 18 ㎝までしか後へ戻らないので，ロボットがかべにあたることはない。

5　⑴　６×６＝36 まで整数を並べると，右図のようになるので，６★４＝29

1	4	9	16	25	36
2	3	8	15	24	35
5	6	7	14	23	34
10	11	12	13	22	33
17	18	19	20	21	32
26	27	28	29	30	31

⑵　**【解き方】１段目の数は，１＝１×１，４＝２×２，９＝３×３，…となるので，１★Ｂ＝Ｂ×Ｂと表せる。**

⑴の図より，２★３＝８なので，７★(２★３)＝７★８

１★８＝８×８＝64 なので，７★８は 64 より７－１＝６小さい 64－６＝58 となる。

⑶　**【解き方】⑵をふまえる。１★９＝９×９＝81，１★10＝10×10＝100 なので，９＋１＝10(段目)の左から１番目の数から考える。**

10 段目の左から１番目の数(10★１)は 81＋１＝82 だから，90 は 10 段目の左から 90－82＋１＝９(番目)の数である。よって，90 を表すのは，10★９である。

⑷　**【解き方】⑵をふまえる。１★(□＋１)と１★□は，１段目のとなりあう数である。⑴の図から，１段目の数を左から右に見ていくと，増え方に規則性があることに気づきたい。**

⑴の図より，１段目は，１，４，９，16，25，36…であり，４－１＝３，９－４＝５，16－９＝７，25－16＝９，36－25＝11，…のように，増える数が３から始まり２ずつ大きくなっている。つまり，増える数は，１番目から２番目は３＋２×(１－１)＝３，２番目から３番目は３＋２×(２－１)＝５，３番目から４番目は３＋２×(３－１)＝７，…のように増える。左から□番目から(□＋１)番目になると 99 増えるから，

３＋２×(□－１)＝99 となる。よって，□＝(99－３)÷２＋１＝49

実際に計算すると，１★(49＋１)－１★49＝１★50－１★49＝50×50－49×49＝2500－2401＝99 となるので正しい。

6　$1-\frac{1}{2\times2}=\frac{4}{4}-\frac{1}{4}=\frac{3}{4}=\frac{1}{2}\times\frac{3}{2}$，$1-\frac{1}{3\times3}=\frac{9}{9}-\frac{1}{9}=\frac{8}{9}=\frac{2}{3}\times\frac{4}{3}$，$1-\frac{1}{4\times4}=\frac{16}{16}-\frac{1}{16}=\frac{15}{16}=\frac{3}{4}\times\frac{5}{4}$

積の形で表したとき，左側の分数の分子は分母より１小さい数，右側の分数の分子は分母より１大きい数となるから，$1-\frac{1}{5\times5}=\frac{4}{5}\times\frac{6}{5}$となる。

これより，$(1-\frac{1}{2\times2})\times(1-\frac{1}{3\times3})\times(1-\frac{1}{4\times4})\times(1-\frac{1}{5\times5})=\frac{1}{2}\times\frac{3}{2}\times\frac{2}{3}\times\frac{4}{3}\times\frac{3}{4}\times\frac{5}{4}\times\frac{4}{5}\times\frac{6}{5}=$
$\frac{1}{2}\times\frac{6}{5}=\frac{3}{5}$

この計算より，一番左と一番右の以外の分数は約分することで１になることがわかるから，

解答例のように 49 個の$(1-\frac{1}{\blacksquare\times\blacksquare})$の形をした式を順番にかけ算した計算をすることができる。

7　⑴　２番目の数は，921－129＝792　　３番目の数は，972－279＝693　　４番目の数は，963－369＝594

５番目の数は，954－459＝495　　よって，５番目で終了する。

⑵　99×２＝198，99×３＝297，99×４＝396，99×５＝495，99×６＝594，99×７＝693，99×８＝792，99×９＝891，99×10＝990

⑶　**【解き方】２番目となる 99 の倍数をすべて出し，その次の数がいくつになるのかを考えることで，５番目の整数が 594 のときの２番目の整数を逆算する。**

２番目となる 99 の倍数は，０，99，495 以外の３けたの整数だから，198，297，396，594，693，792，891 のいずれかである(990 となる１番目の３けたの整数は存在しない)。

３番目の数は，２番目の数が 198 のときは 981－189＝792，297 のときは 693，396 のときは 963－369＝594，594 のときは 495，693 のときは 594，792 のときは 693，891 のときは 981－189＝792 となる。

以上の結果をまとめると，右図のようになる。

よって，５番目の数が 594 のとき，４番目の数は 693 か 396 である。

198	297	396	594	693	792	891
↓	↓	↓	↓	↓	↓	↓
792	693	594	495	594	693	792

４番目の数が 693 のとき，３番目の数は 297 か 792 であり，４番目の数が 396 となる３番目の数はない。

３番目の数が 792 のとき，２番目の数は 198 か 891 であり，３番目の数が 297 となる２番目の数はない。

よって，求める数は 198 と 891 である。

⑷　**【解き方】⑶をふまえる。495 から逆算して，99 の倍数ができるだけ長く続くように並べる。**

一番長くなるのは，495←594←693←792←198 または 891 と並べたときである。

よって，198 または 891 が２番目に並ぶときが最も多く並ぶときだから，このとき 495 は６番目に並ぶ。

★静岡学園中学校

《国　語》

【一】問一．①ごんべん　②のぎへん　　問二．七　　問三．①イ　②ウ　　問四．交差　　問五．価格
問六．自画自賛　　問七．①ウ　②イ

【二】問一．ニワトリに、ニワトリコレラの古くなった培養菌を注射したら、軽く病気にかかっただけですぐに回復したこと。　　問二．牛／同じ病気の弱められた　　問三．その病気を予防すること
問四．［どんな羊のグループか／結果］　第一のグループ…［ワクチン注射を二回打たれた／みんなぴんぴんしていた。］　第二のグループ…［ワクチン注射をいっさいされていない／死んでいたか、ひん死の状態だった。］

【三】問一．外国語である日本語で試験を受けなければいけないところ。／試験に二回落ちたらすぐに帰国しなければいけないところ。　　問二．ア　　問三．お年寄りを尊敬し、お世話をしたいと思ったから。　　問四．尊敬
問五．イ　　問六．エ　　問七．言葉…二度わらし　言葉の意味…人が年を重ねて、もう一度子どもみたいになること

【四】問一．エ　　問二．ア．二十五　イ．二十　ウ．十四

《算　数》

1　(1)14　(2)11　(3)0.65

2　(1)5　(2)191　(3)65，25　(4)79　(5)6.25　(6)50，30　(7)8，20

3　考え方…一の位の数が０のとき，十の位の数は１，２，３，４，５の５通りある。一の位の数が２のとき，十の位の数は１，３，４，５の４通りある。一の位の数が４のとき，十の位の数は１，２，３，５の４通りある。よって，できる偶数は全部で，５＋４＋４＝13(個)ある。　　答…13

4　(1)3，13，金　(2)195　(3)2025

5　256

6　(1)28　(2)105

7　60，60，１，30，60，２，２，0.6倍する，40

8　(1)10　(2)右表　(3)11　(4)121

段の数(段)	1	2	3	4	5	6	7	8
周りの長さ(cm)	4	10	16	22	28	34	40	46

9　(1)2　(2)②

【算数の解説】

1　(1)　与式＝12＋２＝14

(2)　与式$=14-(\frac{36}{4}-\frac{3}{4})\times\frac{4}{11}=14-\frac{33}{4}\times\frac{4}{11}=14-3=11$

(3)　与式＝0.15＋0.8÷1.6＝0.15＋0.5＝0.65

2　(1)　$\frac{41}{5}=8\frac{1}{5}$より大きく，$\frac{105}{8}=13\frac{1}{8}$より小さい整数は，９，10，11，12，13の５個ある。

(2)　１km＝1000ｍだから，0.191km＝(0.191×1000)ｍ＝191ｍ

(3)　学年全体の生徒数と男子の人数の比は，(13＋５)：13＝18：13だから，男子の人数は$90\times\frac{13}{18}=65$(人)，

女子の人数は90－65＝25(人)である。

⑷　A，B，Cの３人の合計点は75×３＝225(点)，D，Eの２人の合計点は85×２＝170(点)だから，５人の合計点は225＋170＝395(点)である。よって，５人の平均点は395÷５＝79(点)である。

⑸　減るガソリンの量は，走った距離《きょり》に比例する。160㎞走ると10Lのガソリンが減るのだから，100㎞走ると$10\times\frac{100}{160}=6.25$(L)のガソリンが減る。

⑹　４ｇの食塩がとけている食塩水の濃《こ》さが８％だから，この食塩水は４÷0.08＝50(ｇ)である。また，４ｇの食塩がとけている食塩水が５％であるとき，この食塩水は４÷0.05＝80(ｇ)となるから，８％の食塩水50ｇに80－50＝30(ｇ)の水を加えると５％の食塩水となる。

⑺　太陽の光が地球に届くまでにかかる時間は，15000万km÷30万km＝500(秒)である。１分＝60秒だから，500÷60＝８余り20より，500秒＝８分20秒である。よって，今，地球に届いている太陽の光は，８分20秒前に太陽から出た光である。

3　２けたの整数が偶数となるためには，一の位の数が偶数であればよい。したがって，一の位の数が０，２，４の場合で，場合分けして考える。また，十の位の数が０にならないことに注意する。

4　⑴　１月は31日間あるから，１月31日は１月11日の31－11＝20(日後)，2020年の２月は29日間あるから，２月29日は１月11日の20＋29＝49(日後)である。したがって，１月11日の62日後は，２月29日の62－49＝13(日後)で３月13日である。また，土曜日の62日後は，62÷７＝８余り６より，８週間と６日後だから，土曜日の６日後の曜日の金曜日である。よって，求める日にちは３月13日金曜日である。

⑵　⑴の解説より，2020年２月29日は2020年１月11日の49日後で，３月は31日間，４月は30日間，５月は31日間，６月は30日間あるから，2020年６月30日は2020年１月11日の49＋31＋30＋31＋30＝171(日後)である。また，2020年７月24日は2020年６月30日の24日後だから，2020年７月24日は2020年１月11日の171＋24＝195(日後)である。

⑶　１年は365日であり，365÷７＝52余り１より，１年後の同じ日の曜日は１つあとの曜日となる。ただし，うるう年の２月29日をまたぐ場合は，２つあとの曜日となる。2020年２月23日から2021年２月23日の間で，うるう年の２月29日をまたぐから，2021年２月23日は日曜日の２つあとの曜日の火曜日である。2020年の次のうるう年は2024年だから，2022年２月23日は水曜日，2023年２月23日は木曜日，2024年２月23日は金曜日，2025年２月23日は日曜日となる。

5　１日目に読んだ後の残りは全体の$1-\frac{1}{2}=\frac{1}{2}$だから，２日目に読んだ後の残りは全体の$\frac{1}{2}\times(1-\frac{1}{2})=\frac{1}{4}$である。これが３日目に読んだ64ページなのだから，全体のページ数は$64\div\frac{1}{4}=256$(ページ)ある。

6　⑴　右図のしゃ線の道の面積は６×２＝12(㎡)，色付きの道の面積は２×10＝20(㎡)となり，これらの和は12＋20＝32(㎡)となるが，これは道が交わる部分(右図の色付きのしゃ線部分)を２回数えていることになる。色付きのしゃ線部分の面積は２×２＝４(㎡)だから，求める道の面積は，32－４＝28(㎡)である。

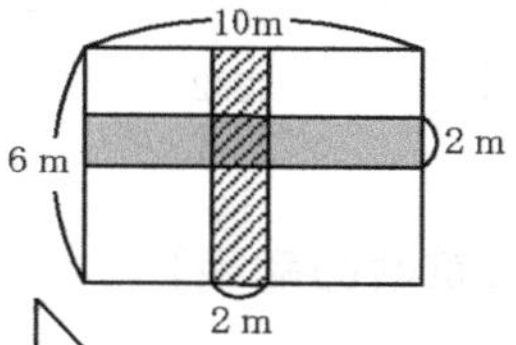

⑵　２つの三角形は１組の三角定規だから，右図のように角度がわかる。
三角形の内角の和より，(イ)の角度は180－30－45＝105(度)である。
対頂角は等しいから，(ア)の角度は(イ)の角度に等しく105度である。

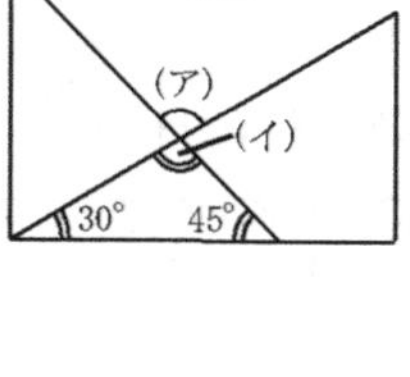

7 時速 60 kmは１時間＝60 分間に 60 km進むということだから，１km進むのに$\frac{60}{60}$＝１(分)かかる。

時速 30 kmは１時間＝60 分間に 30 km進むということだから，１km進むのに$\frac{60}{30}$＝２(分)かかる。よって，目的地までの距離(km)とかかる時間(分)の比は１：２だから，目的地までの距離の数字を２倍すればよい。

時速 100 kmで走ると，１時間＝60 分間に 100 km進むから，目的地までの距離(km)とかかる時間(分)の比は 100：60＝５：３となる。よって，目的地までの距離の数字を$\frac{3}{5}$＝0.6(倍)すればよい。

目的地までの距離(km)とかかる時間(分)の比は１：1.5＝２：３だから，60 分間に走る距離は 60×$\frac{2}{3}$＝40(km)である。よって，時速 40 kmで走り続ける場合は，目的地までの距離の数字を 1.5 倍すればよい。

8 (2) １段から４段まで数えると，右表のようになる。したがって，１段増えるごとに周りの長さは６cmずつ増えるとわかるから，５段は 22＋６＝28(cm)，６段は 28＋６＝34(cm)，７段は 34＋６＝40(cm)，８段は 40＋６＝46(cm)となる。

段の数(段)	1	2	3	4	…
周りの長さ(cm)	4	10	16	22	…

(3) (2)の解説をふまえる。64 cmは１段の４cmから 64－４＝60(cm)増えているから，段の数は１段から 60÷６＝10 増える。よって，周りの長さが 64 cmになるのは 11 段のときである。

(4) 正方形の紙１枚は１×１＝１(㎠)だから，正方形の枚数を数えて図形の面積を求める。１段から４段までの図形の面積を求めると，右表のようになる。表より，図形の面積は，(段の数)×(段の数)になっているとわかるから，(3)の 11 段のときの図形の面積は，11×11＝121(㎠)である。

段の数(段)	1	2	3	4	…
図形の面積(㎠)	1	4	9	16	…

9 (1) 大きなさいころを投げた回数をできるだけ少なくするから，小さなさいころは投げずに，大きなさいころのみを投げて，時計の針が進む方向へちょうど２周する目の出方を考える。ちょうど２周するには，出た目の数の和が６×２＝12 となればよいので，最も少ない回数で２周するのは，２回とも６が出たときである。

(2) Ａ５のとき，点Ｐを時計の針が進む方向に５移動するから，点Ｐは①から②に移動する。続けて，Ｂ４のとき，点Ｐを時計の針が進む反対の方向に４移動するから，点Ｐは②から⑥に移動する。以下，同じように考えると，Ａ３で⑥から③に，Ａ２で③から①に，Ｂ１で①から②に移動するから，最後の点Ｐの場所は②である。

■ ご使用にあたってのお願い・ご注意

（1）問題文等の非掲載

著作権上の都合により，問題文や図表などの一部を掲載できない場合があります。

誠に申し訳ございませんが，ご了承くださいますようお願いいたします。

（2）過去問における時事性

過去問題集は，学習指導要領の改訂や社会状況の変化，新たな発見などにより，現在とは異なる表記や解説になっている場合があります。過去問の特性上，出題当時のままで出版していますので，あらかじめご了承ください。

（3）配点

学校等から配点が公表されている場合は，記載しています。公表されていない場合は，記載していません。

独自の予想配点は，出題者の意図と異なる場合があり，お客様が学習するうえで誤った判断をしてしまう恐れがあるため記載していません。

（4）無断複製等の禁止

購入された個人のお客様が，ご家庭でご自身またはご家族の学習のためにコピーをすることは可能ですが，それ以外の目的でコピー，スキャン，転載（ブログ，ＳＮＳなどでの公開を含みます）などをすることは法律により禁止されています。学校や学習塾などで，児童生徒のためにコピーをして使用することも法律により禁止されています。

ご不明な点や，違法な疑いのある行為を確認された場合は，弊社までご連絡ください。

（5）けがに注意

この問題集は針を外して使用します。針を外すときは，けがをしないように注意してください。また，表紙カバーや問題用紙の端で手指を傷つけないように十分注意してください。

（6）正誤

制作には万全を期しておりますが，万が一誤りなどがございましたら，弊社までご連絡ください。

なお，誤りが判明した場合は，弊社ウェブサイトの「ご購入者様のページ」に掲載しておりますので，そちらもご確認ください。

■ お問い合わせ

解答例，解説，印刷，製本など，問題集発行におけるすべての責任は弊社にあります。

ご不明な点がございましたら，弊社ウェブサイトの「お問い合わせ」フォームよりご連絡ください。迅速に対応いたしますが，営業日の都合で回答に数日を要する場合があります。

ご入力いただいたメールアドレス宛に自動返信メールをお送りしています。自動返信メールが届かない場合は，「よくある質問」の「メールの問い合わせに対し返信がありません。」の項目をご確認ください。

また弊社営業日（平日）は，午前９時から午後５時まで，電話でのお問い合わせも受け付けています。

2025 春

株式会社教英出版

〒422-8054　静岡県静岡市駿河区南安倍３丁目 12-28

TEL　054-288-2131　　FAX　054-288-2133

URL　https://kyoei-syuppan.net/

MAIL　siteform@kyoei-syuppan.net

教英出版　2025年春受験用　中学入試問題集

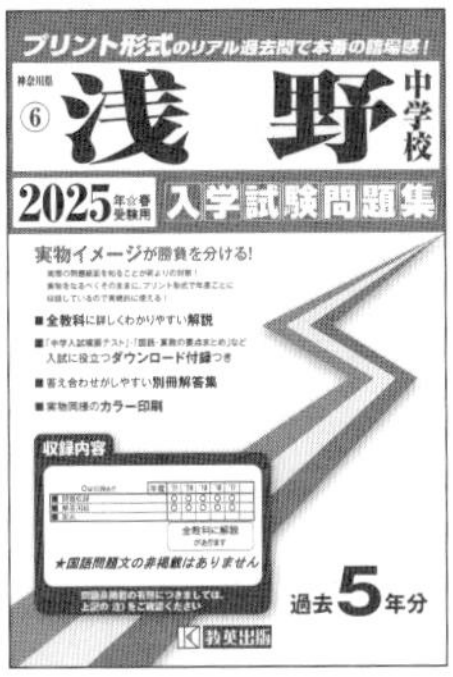

学校別問題集

✿はカラー問題対応

北海道

①[市立]札幌開成中等教育学校
②藤女子中学校
③北嶺中学校
④北星学園女子中学校
⑤札幌大谷中学校
⑥札幌光星中学校
⑦立命館慶祥中学校
⑧函館ラ・サール中学校

青森県

①[県立]三本木高等学校附属中学校

岩手県

①[県立]一関第一高等学校附属中学校

宮城県

①[県立]宮城県古川黎明中学校
②[県立]宮城県仙台二華中学校
③[市立]仙台青陵中等教育学校
④東北学院中学校
⑤仙台白百合学園中学校
⑥聖ウルスラ学院英智中学校
⑦宮城学院中学校
⑧秀光中学校
⑨古川学園中学校

秋田県

①[県立]
- 大館国際情報学院中学校
- 秋田南高等学校中等部
- 横手清陵学院中学校

山形県

①[県立]
- 東桜学館中学校
- 致道館中学校

福島県

①[県立]
- 会津学鳳中学校
- ふたば未来学園中学校

茨城県

①[県立]
- 日立第一高等学校附属中学校
- 太田第一高等学校附属中学校
- 水戸第一高等学校附属中学校
- 鉾田第一高等学校附属中学校
- 鹿島高等学校附属中学校
- 土浦第一高等学校附属中学校
- 竜ヶ崎第一高等学校附属中学校
- 下館第一高等学校附属中学校
- 下妻第一高等学校附属中学校
- 水海道第一高等学校附属中学校
- 勝田中等教育学校
- 並木中等教育学校
- 古河中等教育学校

栃木県

①[県立]
- 宇都宮東高等学校附属中学校
- 佐野高等学校附属中学校
- 矢板東高等学校附属中学校

群馬県

①
- [県立]中央中等教育学校
- [市立]四ツ葉学園中等教育学校
- [市立]太田中学校

埼玉県

①[県立]伊奈学園中学校
②[市立]浦和中学校
③[市立]大宮国際中等教育学校
④[市立]川口市立高等学校附属中学校

千葉県

①[県立]
- 千葉中学校
- 東葛飾中学校

②[市立]稲毛国際中等教育学校

東京都

①[国立]筑波大学附属駒場中学校
②[都立]白鷗高等学校附属中学校
③[都立]桜修館中等教育学校
④[都立]小石川中等教育学校
⑤[都立]両国高等学校附属中学校
⑥[都立]立川国際中等教育学校
⑦[都立]武蔵高等学校附属中学校
⑧[都立]大泉高等学校附属中学校
⑨[都立]富士高等学校附属中学校
⑩[都立]三鷹中等教育学校
⑪[都立]南多摩中等教育学校
⑫[区立]九段中等教育学校
⑬開成中学校
⑭麻布中学校
⑮桜蔭中学校
⑯女子学院中学校
✿⑰豊島岡女子学園中学校
⑱東京都市大学等々力中学校
⑲世田谷学園中学校
✿⑳広尾学園中学校（第2回）
✿㉑広尾学園中学校（医進・サイエンス回）
㉒渋谷教育学園渋谷中学校（第1回）
㉓渋谷教育学園渋谷中学校（第2回）
㉔東京農業大学第一高等学校中等部（2月1日 午後）
㉕東京農業大学第一高等学校中等部（2月2日 午後）

神奈川県

①［県立］相模原中等教育学校
　　　　平塚中等教育学校
②［市立］南高等学校附属中学校
③［市立］横浜サイエンスフロンティア高等学校附属中学校
④［市立］川崎高等学校附属中学校
✿⑤聖光学院中学校
✿⑥浅野中学校
⑦洗足学園中学校
⑧法政大学第二中学校
⑨逗子開成中学校（1次）
⑩逗子開成中学校（2·3次）
⑪神奈川大学附属中学校（第1回）
⑫神奈川大学附属中学校（第2·3回）
⑬栄光学園中学校
⑭フェリス女学院中学校

新潟県

①［県立］村上中等教育学校
　　　　柏崎翔洋中等教育学校
　　　　燕中等教育学校
　　　　津南中等教育学校
　　　　直江津中等教育学校
　　　　佐渡中等教育学校
②［市立］高志中等教育学校
③新潟第一中学校
④新潟明訓中学校

石川県

①［県立］金沢錦丘中学校
②星稜中学校

福井県

①［県立］高志中学校

山梨県

①山梨英和中学校
②山梨学院中学校
③駿台甲府中学校

長野県

①［県立］屋代高等学校附属中学校
　　　　諏訪清陵高等学校附属中学校
②［市立］長野中学校

岐阜県

①岐阜東中学校
②鶯谷中学校
③岐阜聖徳学園大学附属中学校

静岡県

①［国立］静岡大学教育学部附属中学校
　（静岡·島田·浜松）
②［県立］清水南高等学校中等部
　［県立］浜松西高等学校中等部
　［市立］沼津高等学校中等部
③不二聖心女子学院中学校
④日本大学三島中学校
⑤加藤学園暁秀中学校
⑥星陵中学校
⑦東海大学付属静岡翔洋高等学校中等部
⑧静岡サレジオ中学校
⑨静岡英和女学院中学校
⑩静岡雙葉中学校
⑪静岡聖光学院中学校
⑫静岡学園中学校
⑬静岡大成中学校
⑭城南静岡中学校
⑮静岡北中学校
⑯常葉大学附属常葉中学校
　常葉大学附属橘中学校
　常葉大学附属菊川中学校
⑰藤枝明誠中学校
⑱浜松開誠館中学校
⑲静岡県西遠女子学園中学校
⑳浜松日体中学校
㉑浜松学芸中学校

愛知県

①［国立］愛知教育大学附属名古屋中学校
②愛知淑徳中学校
③名古屋経済大学市邨中学校
　名古屋経済大学高蔵中学校
④金城学院中学校
⑤椙山女学園中学校
⑥東海中学校
⑦南山中学校男子部
⑧南山中学校女子部
⑨聖霊中学校
⑩滝中学校
⑪名古屋中学校
⑫大成中学校
⑬愛知中学校
⑭星城中学校
⑮名古屋葵大学中学校
　（名古屋女子大学中学校）
⑯愛知工業大学名電中学校
⑰海陽中等教育学校（特別給費生）
⑱海陽中等教育学校（I·II）
⑲中部大学春日丘中学校
新刊⑳名古屋国際中学校

三重県

①［国立］三重大学教育学部附属中学校
②暁中学校
③海星中学校
④四日市メリノール学院中学校
⑤高田中学校
⑥セントヨゼフ女子学園中学校
⑦三重中学校
⑧皇學館中学校
⑨鈴鹿中等教育学校
⑩津田学園中学校

滋賀県

①［国立］滋賀大学教育学部附属中学校
②［県立］河瀬中学校
　　　　守山中学校
　　　　水口東中学校

京都府

①［国立］京都教育大学附属桃山中学校
②［府立］洛北高等学校附属中学校
③［府立］園部高等学校附属中学校
④［府立］福知山高等学校附属中学校
⑤［府立］南陽高等学校附属中学校
⑥［市立］西京高等学校附属中学校
⑦同志社中学校
⑧洛星中学校
⑨洛南高等学校附属中学校
⑩立命館中学校
⑪同志社国際中学校
⑫同志社女子中学校（前期日程）
⑬同志社女子中学校（後期日程）

大阪府

①［国立］大阪教育大学附属天王寺中学校
②［国立］大阪教育大学附属平野中学校
③［国立］大阪教育大学附属池田中学校

④[府立]富田林中学校
⑤[府立]咲くやこの花中学校
⑥[府立]水都国際中学校
⑦清風中学校
⑧高槻中学校(A日程)
⑨高槻中学校(B日程)
⑩明星中学校
⑪大阪女学院中学校
⑫大谷中学校
⑬四天王寺中学校
⑭帝塚山学院中学校
⑮大阪国際中学校
⑯大阪桐蔭中学校
⑰開明中学校
⑱関西大学第一中学校
⑲近畿大学附属中学校
⑳金蘭千里中学校
㉑金光八尾中学校
㉒清風南海中学校
㉓帝塚山学院泉ヶ丘中学校
㉔同志社香里中学校
㉕初芝立命館中学校
㉖関西大学中等部
㉗大阪星光学院中学校

兵庫県

①[国立]神戸大学附属中等教育学校
②[県立]兵庫県立大学附属中学校
③雲雀丘学園中学校
④関西学院中学部
⑤神戸女学院中学部
⑥甲陽学院中学校
⑦甲南中学校
⑧甲南女子中学校
⑨灘中学校
⑩親和中学校
⑪神戸海星女子学院中学校
⑫滝川中学校
⑬啓明学院中学校
⑭三田学園中学校
⑮淳心学院中学校
⑯仁川学院中学校
⑰六甲学院中学校
⑱須磨学園中学校(第1回入試)
⑲須磨学園中学校(第2回入試)
⑳須磨学園中学校(第3回入試)
㉑白陵中学校
㉒夙川中学校

奈良県

①[国立]奈良女子大学附属中等教育学校
②[国立]奈良教育大学附属中学校
③[県立] 国際中学校 / 青翔中学校
④[市立]一条高等学校附属中学校
⑤帝塚山中学校
⑥東大寺学園中学校
⑦奈良学園中学校
⑧西大和学園中学校

和歌山県

①[県立] 古佐田丘中学校 / 向陽中学校 / 桐蔭中学校 / 日高高等学校附属中学校 / 田辺中学校
②智辯学園和歌山中学校
③近畿大学附属和歌山中学校
④開智中学校

岡山県

①[県立]岡山操山中学校
②[県立]倉敷天城中学校
③[県立]岡山大安寺中等教育学校
④[県立]津山中学校
⑤岡山中学校
⑥清心中学校
⑦岡山白陵中学校
⑧金光学園中学校
⑨就実中学校
⑩岡山理科大学附属中学校
⑪山陽学園中学校

広島県

①[国立]広島大学附属中学校
②[国立]広島大学附属福山中学校
③[県立]広島中学校
④[県立]三次中学校
⑤[県立]広島叡智学園中学校
⑥[市立]広島中等教育学校
⑦[市立]福山中学校
⑧広島学院中学校
⑨広島女学院中学校
⑩修道中学校
⑪崇徳中学校
⑫比治山女子中学校
⑬福山暁の星女子中学校
⑭安田女子中学校
⑮広島なぎさ中学校
⑯広島城北中学校
⑰近畿大学附属広島中学校福山校
⑱盈進中学校
⑲如水館中学校
⑳ノートルダム清心中学校
㉑銀河学院中学校
㉒近畿大学附属広島中学校東広島校
㉓AICJ中学校
㉔広島国際学院中学校
㉕広島修道大学ひろしま協創中学校

山口県

①[県立] 下関中等教育学校 / 高森みどり中学校
②野田学園中学校

徳島県

①[県立] 富岡東中学校 / 川島中学校 / 城ノ内中等教育学校
②徳島文理中学校

香川県

①大手前丸亀中学校
②香川誠陵中学校

愛媛県

①[県立] 今治東中等教育学校 / 松山西中等教育学校
②愛光中学校
③済美平成中等教育学校
④新田青雲中等教育学校

高知県

①[県立] 安芸中学校 / 高知国際中学校 / 中村中学校

福岡県

①[国立]福岡教育大学附属中学校(福岡·小倉·久留米)
②[県立]育徳館中学校
門司学園中学校
宗像中学校
嘉穂高等学校附属中学校
輝翔館中等教育学校
③西南学院中学校
④上智福岡中学校
⑤福岡女学院中学校
⑥福岡雙葉中学校
⑦照曜館中学校
⑧筑紫女学園中学校
⑨敬愛中学校
⑩久留米大学附設中学校
⑪飯塚日新館中学校
⑫明治学園中学校
⑬小倉日新館中学校
⑭久留米信愛中学校
⑮中村学園女子中学校
⑯福岡大学附属大濠中学校
⑰筑陽学園中学校
⑱九州国際大学付属中学校
⑲博多女子中学校
⑳東福岡自彊館中学校
㉑八女学院中学校

佐賀県

①[県立]香楠中学校
致遠館中学校
唐津東中学校
武雄青陵中学校
②弘学館中学校
③東明館中学校
④佐賀清和中学校
⑤成穎中学校
⑥早稲田佐賀中学校

長崎県

①[県立]長崎東中学校
佐世保北中学校
諫早高等学校附属中学校
②青雲中学校
③長崎南山中学校
④長崎日本大学中学校
⑤海星中学校

熊本県

①[県立]玉名高等学校附属中学校
宇土中学校
八代中学校
②真和中学校
③九州学院中学校
④ルーテル学院中学校
⑤熊本信愛女学院中学校
⑥熊本マリスト学園中学校
⑦熊本学園大学付属中学校

大分県

①[県立]大分豊府中学校
②岩田中学校

宮崎県

①[県立]五ヶ瀬中等教育学校
②[県立]宮崎西高等学校附属中学校
都城泉ヶ丘高等学校附属中学校
③宮崎日本大学中学校
④日向学院中学校
⑤宮崎第一中学校

鹿児島県

①[県立]楠隼中学校
②[市立]鹿児島玉龍中学校
③鹿児島修学館中学校
④ラ・サール中学校
⑤志學館中等部

沖縄県

①[県立]与勝緑が丘中学校
開邦中学校
球陽中学校
名護高等学校附属桜中学校

もっと過去問シリーズ

北海道

北嶺中学校
7年分(算数・理科・社会)

静岡県

静岡大学教育学部附属中学校
(静岡·島田·浜松)
10年分(算数)

愛知県

愛知淑徳中学校
7年分(算数・理科・社会)
東海中学校
7年分(算数・理科・社会)
南山中学校男子部
7年分(算数・理科・社会)
南山中学校女子部
7年分(算数・理科・社会)
滝中学校
7年分(算数・理科・社会)
名古屋中学校
7年分(算数・理科・社会)

岡山県

岡山白陵中学校
7年分(算数・理科)

広島県

広島大学附属中学校
7年分(算数・理科・社会)
広島大学附属福山中学校
7年分(算数・理科・社会)
広島学院中学校
7年分(算数・理科・社会)
広島女学院中学校
7年分(算数・理科・社会)
修道中学校
7年分(算数・理科・社会)
ノートルダム清心中学校
7年分(算数・理科・社会)

愛媛県

愛光中学校
7年分(算数・理科・社会)

福岡県

福岡教育大学附属中学校
(福岡·小倉·久留米)
7年分(算数・理科・社会)
西南学院中学校
7年分(算数・理科・社会)
久留米大学附設中学校
7年分(算数・理科・社会)
福岡大学附属大濠中学校
7年分(算数・理科・社会)

佐賀県

早稲田佐賀中学校
7年分(算数・理科・社会)

長崎県

青雲中学校
7年分(算数・理科・社会)

鹿児島県

ラ·サール中学校
7年分(算数・理科・社会)

※もっと過去問シリーズは
国語の収録はありません。

教英出版

〒422-8054
静岡県静岡市駿河区南安倍3丁目12−28
TEL 054-288-2131
FAX 054-288-2133

詳しくは教英出版で検索
教英出版　検索
URL https://kyoei-syuppan.net/

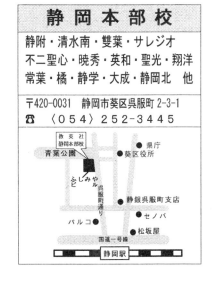

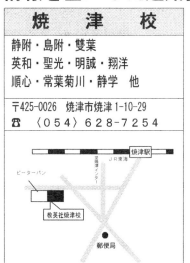

日曜進学教室の指導システム

理解を深め、定着させる５つのＳＴＥＰ

STEP 1 予習

当社で設定したカリキュラムに従い、毎週、次の日曜日に学習する項目に関して予習をしてきていただきます。これは、次の日曜日にどのようなことを学習するのか概要をつかみ、疑問点などを明確にしておくためのものです。

STEP 2 テスト

日曜進学教室では、毎週、テストを行います(30 分間)。予習範囲の学習内容がどの程度理解できているかを、児童自身が確認するためのテストであり、また、問題を解くことでさらに理解を深めていくための指導用のテストでもあります。(得点を競うためのテストではありません。)

STEP 3 解

テスト終了後
います(50 分間
解けなかった問
いたところを、
し、正しい理解
また、正答を導
や、問題を解く
ど、実践的解答
指導し、類似問
養います。

1 **対象**　**小学5・6年**

2 **期間**　**5年生**　**2024 年2月4日(日)～2025 年1月 12 日(日)**
6年生　**2024 年2月4日(日)～2025 年1月5日(日)**

3 **時間**　**9:00～12:00**

模擬テスト(４月～)のあるときは　**10:00～12:00…中学入試模擬テスト**
13:00～15:30…解説授業

※静岡本部校は同内容の「土曜コース」があります。(詳細は別紙参照)
※焼津校の５年生は通常授業・模擬テスト・解説授業とも土曜日の実施となります。
（祝日・講習会中は日曜日の実施）
※日曜進学教室生は、「中学入試模擬テスト」を必ず受験していただきます。
※日曜進学教室生(６年)は、年２回(４月７日、６月 23 日)「学力チェックテスト」を必ず受験していただきます。
※「中学入試模擬テスト」「学力チェックテスト」の詳細は別紙パンフレットをご覧ください。

6年生
5年生

2025年度中学入試用
静岡県中学入試模擬テスト

対象校

静大附属静岡・島田・浜松・不二聖心・日大三島・暁秀・星陵・富士見・サレジオ
翔洋・大成・英和・雙葉・常葉・常葉橘・静岡学園・聖光・静岡北・城南
藤枝明誠・順心・常葉菊川・磐田東・西遠・開誠館・浜松日体・浜松学芸
聖隷・浜松学院・浜松修学舎・沼津市立・清水南・浜松西

入試直結の問題・確かなデータ

ポイント１　静岡県の中学受験を完全網羅

教英社の中学入試模擬テストは、静岡県で過去に出題された問題を中心に入試問題を研究し、翌年の静岡県の中学入試を予想して作成されたものです。

ポイント２　正確な合否判定資料

この模擬テストには、静岡県の中学受験を希望する方の大多数にご参加いただいていますので、個人成績表に示されたデータは、客観的に各受験者の合格判定をはかる確かなデータとなっています。

ポイント３　弱点把握・学習指針

当社独自に年間カリキュラムを作成し、中学入試に必要とされる学習項目をすべて試験にとり入れておりますので、年間を通じて受験していただければ、入試のためにどのような学習が必要か、自分の苦手なところはどこかなどを判断する上での参考にもなります。この模擬テストを目標に学習をすすめ、正確なデータにもとづき各自の学力の伸びを判断していけば、志望校合格への道は開けてくるはずです。

■　実施日

6年生		
	①　２月12日（月・祝）	⑧　９月15日（日）
	②　４月21日（日）	⑨　10月６日（日）
	③　５月19日（日）	⑩　10月20日（日）
	④　６月16日（日）	⑪　11月３日（日）
	⑤　７月21日（日）	⑫　11月17日（日）
	⑥　８月18日（日）	⑬　12月１日（日）
	⑦　９月１日（日）	⑭　12月15日（日）

5年生		
	①　２月12日（月・祝）	⑦　９月15日（日）
	②　４月21日（日）	⑧　10月20日（日）
	③　５月19日（日）	⑨　11月17日（日）
	④　６月16日（日）	⑩　12月15日（日）
	⑤　７月21日（日）	⑪　１月５日（日）
	⑥　８月18日（日）	

■　会場・時間・受験料

※ 2/12のみ時間が異なります。（詳細は別紙参照）

学年（科目）／会場	6年生　2科目（国・算）	5年生　2科目（国・算）
静岡本部校	10:00～12:00　または　13:00～15:00	
焼津校	10:00～12:00	
受験料	**1回4,500円（税込）。** ただし、前もって無料模擬以外の５回以上をまとめて予約された方は1回4,000円（税込）で受験できます。実施日前日までにまとめてご予約された分のみ割引の対象となります。当日申し込み分は割引の対象とはなりませんのでご了承ください。予約日の変更はできませんのでご注意ください。 実施日前日までにご予約されていない方で、自宅での受験を希望される場合、問題用紙の**郵送料**が別途掛かりますのでご了承ください。 **※「予約」とは実施日前日までに受験料のお支払いがされていることです。電話でのお申込みは予約にはなりませんのでご注意ください。（※無料模擬除く）**	

■ 申し込み方法

① 教英社事務所での取り扱い(当日受付も承ります。ただし、初めて本テストを受験される方は、ご予約の上受験されることをお勧めします。)

② 現金書留(申込書を添えて郵送下さい。)
静岡本部校のみ

(注) 教英社現教室生は、授業料の中に模擬テスト受験料(教室生割引き金額)も含まれておりますので、申し込みの必要はありません。

■ 持ち物

筆記用具(シャープペンは不可)

■ 解説授業

教英社の現教室生は、実施日午後(13：00〜15：30)に行われる模擬テスト解説授業をテスト受験料プラス2,500円で受講できます。あらかじめ御予約ください。日曜進学教室生は申し込みの必要はありません。定員に達し次第締切ります。**模擬テストのみ・講習会受講のみの児童は参加できません。**

約　　定

1 模擬テスト参加を受験料払込みのうえ予約された方で当日何らかの事情で欠席されても受験料は返金致しません。問題用紙を発送させて戴きますのでご自宅で解いて、解答用紙を小社宛に返送して下さい。採点後、成績表とともに郵送致します。

2 解説授業に申し込まれた方で、当日何らかの事情で欠席された場合、振り替え授業がありません。また、受講料も返金できませんので ご注意下さい。

3 答案の採点に当たっては四審し、万全を期しておりますが、万一採点ミスがありましたら恐れ入りますが小社宛返送して下さい。訂正後送料当社負担にて郵送させて戴きます。

教英社
KYOEISHA

http://kyoeisha.jp

静岡本部校	〒420-0031　静岡市葵区呉服町2-3-1 ふしみやビル5F (054) 252−3445
焼津校	〒425-0026　焼津市焼津1-10-29 (054) 628−7254

キリトリ線

教英社　中学入試模擬テスト　申込書

※教英社の会員証をお持ちの方は**太枠部分のみ記入**して下さい。

会員番号	フリガナ		
	本人氏名		男・女

生年月日	志望校名	保護者氏名
・　・		

在学校・学年	電話番号
小学校　年	〈　〉　−
	緊急連絡先
	〈　〉　−

住所	〒　−
会場	□ 静岡校　□ 焼津校
学年	□ 6年生　□ 5年生
時間	□ 10：00〜12：00 □ 13：00〜15：00(静岡校のみ)

受験月日の□に✔を入れて下さい。解説授業希望日は番号に○をつけてください。

受験日					
6年生	① 2/12(無料)		⑧ 9/15	□
	② 4/21	□	⑨ 10/6	□
	③ 5/19	□	⑩ 10/20	□
	④ 6/16	□	⑪ 11/3	□
	⑤ 7/21	□	⑫ 11/17	□
	⑥ 8/18	□	⑬ 12/1	□
	⑦ 9/1	□	⑭ 12/15	□
5年生	① 2/12(無料)		⑦ 9/15	□
	② 4/21	□	⑧ 10/20	□
	③ 5/19	□	⑨ 11/17	□
	④ 6/16	□	⑩ 12/15	□
	⑤ 7/21	□	⑪ 1/5	□
	⑥ 8/18	□		

模擬テスト　　回分　　円
現教室生のみ (解説授業　　回分　　円)
を添えて申し込みます。

受験料…………………………　1回　4,500円(税込)
5回以上……………………　1回当たり　4,000円(税込)

※当日会場で申し込む方はこの申込書はいりません。

日曜進学教室

・県内中学受験に添った徹底指導　　・志望校別の豊富な受験資料と情報

業

授業を行
トのとき
間違えて
場で確認
きます。
プロセス
注意点な
んねんに
応用力を

STEP 4　復習

日曜進学教室終了後、ご自宅にて、同じ内容のテストをもう一度解いていただきます。解説授業での指導を思い起こしながら、間違えていたところを修正し、満点の答案を作成することで、日曜進学教室で学んだ指導内容の定着をはかります。〈満点答案の作成〉

STEP 5　模擬テスト

毎月の中学入試模擬テストの内容は、日曜進学教室の学習進度と並行しています。日曜進学教室で学習したことがどの程度理解できているかを、模擬テストを受験することで、客観的に判断できます。また、模擬テスト直後に解説授業が組みこまれているので、テストでの疑問点がすぐに解決できます。

キリトリ

2024年度　小5・6　日曜進学教室　入室申込書

会員番号	フリガナ		在学校名
	生徒氏名	男 女	小学校
学年	生年月日	フリガナ		志望校名
年	年　月　日	保護者名		中学校
住所	〒　－		
電話番号	(　　)　－	緊急連絡先	(　　)　－

受講会場 ○でかこんでください	1.静岡本部校	2.焼　津　校	入　室　日
	A　日曜(5.6年)コース B　土曜(5.6年)コース	A　日曜(6年)コース B　土曜(5年)コース	年　月　日より
入室金免除	他の講座入室時に支払い済	兄弟姉妹が入室金を支払い済	

既に教英社の会員証をお持ちの方は、太わくの部分のみご記入ください。

曜進学教室室生は、学費の中に、中学入試模擬テスト受験料も含まれております。テスト申込書は提出る必要はありません。

岡本部校の土曜(5.6年)コースは7月までの実施になります。夏期講習以降は日曜コースに参加していただきす。

学　費

〈２ヶ月分の学費〉

約　　　定

何らかの事情で途中退室される受験生は、入室金・当月授業料・教材費は返金致しませんので、ご承知おき下さい。

学費（日曜進学教室の授業料は２ヶ月単位）

学年	学期	授業料(円)	テスト受験料(円)	2ヶ月分合計(円)
6年	第一期(２～３月)	43,200	0	43,200
	第二期(４～５月)	33,800	12,500模試(2回)チェック(1回)	46,300
	第三期(６～７月)	38,600	12,500模試(2回)チェック(1回)	51,100
	第四期(８～９月)	36,300	12,000模試(3回)	48,300
	第五期(10～11月)	29,200	16,000模試(4回)	45,200
	第六期(12～１月)	24,200	8,000(模試2回)	32,200
5年	第一期(２～３月)	37,800	0	37,800
	第二期(４～５月)	30,200	8,000(模試2回)	38,200
	第三期(６～７月)	34,400	8,000(模試2回)	42,400
	第四期(８～９月)	34,400	8,000(模試2回)	42,400
	第五期(10～11月)	30,200	8,000(模試2回)	38,200
	第六期(12～１月)	26,000	8,000(模試2回)	34,000

・初回申込時のみ入室金 17,800円がかかります。(兄弟姉妹が入室金を支払い済みの方は必要ありません
　教材費６・５年 8,200円(初回のみ/5・6年内容の合本です)

・途中入室の場合の授業料は残りの授業回数で計算します。

・上記金額には消費税が含まれております。

※学力チェックテスト(6年)を４月７日、６月 23 日に実施。国・算の弱点を分析し指導の資料とします。

教室案内・行事予定

1.　中学入試模擬テスト
小学校 5.6 年対象—国語・算数
6 年生 14 回　5 年生 11 回

2.　受験科教室
小学校 5.6 年対象—国語・算数

3.　志望校別特訓クラス　小学校 6 年対象

4.　清水南中受検総合適性クラス
静岡本部校　小学校 6 年対象

5.　志望校別模擬テスト（附属静岡・島田・雙葉）
小学校 6 年対象

6.　講　習　会（春・夏・冬）

7.　問　題　集
・国・私立中学入試問題集—静附・雙葉・英和・聖光・常葉・静学・橘・翔洋・不二聖心・サレジオ・西遠・浜松開誠館・暁秀・浜松西・清水南他
・面接試験受験の要領・面接試験の要領ＤＶＤ
・中学入試総まとめ　国語・算数

令和6年度

国語

前期A

（50分）

静岡学園中学校

注意事項

一　「はじめ」の合図があるまで、この問題を開けてはいけません。
二　問題は十四ページあり、解答用紙はこの問題にはさみ込んであります。
三　ページの脱落や印刷不鮮明な箇所がある場合は、申し出なさい。
四　解答用紙には、**受験番号・氏名・小学校名**を必ず記入しなさい。
五　解答は、すべて解答用紙に記入しなさい。
六　字数制限のある問題では特にことわりがない限り、句読点やかぎかっこも一字に数えます。

一　次の問いに答えなさい。

問一　次の――線部の片仮名を漢字に直して書きなさい。

①車のモケイを作る。

②試合のジッセキを重ねる。

③マドギワに並ぶ。

④弟をカンビョウする。

⑤遠足でサンチョウを目指す。

問二　次の慣用句の□に入る漢字一字を書きなさい。

①いくら何でも、□の良すぎる話でしょう。

②一か□かで、勝負してみる。

③せっかくの良い気分に□をさす。

④絵の美しさに思わず□をのんだ。

⑤予定外の場所まで□をのばした。

問三　①〜⑤の構成に当てはまる熟語をそれぞれ次の中から選び、記号で答えなさい。

①反対の意味の漢字を重ねたもの
②似た意味の漢字を重ねたもの
③上の漢字が下の漢字を説明するもの
④上の漢字が主語、下の漢字が述語になっているもの
⑤上の漢字が下の漢字の意味を打ち消すもの

ア　日照　　イ　無害　　ウ　厳選　　エ　開閉　　オ　豊富

二　次の文章を読んで、後の問いに答えなさい。

互《たが》いにわかりあいたいと願うのは、たとえばどんなときでしょう。

たとえばそれは、私たちに何か共通の目標のようなものがあって、その目標の達成のため、自分たちは今、何をしなければならないのか、何を優先して何を後回しにすべきなのか等々が問題になるときでしょうか。その問題をめぐる①私たちの判断が互いに一致《いっち》することが「わかりあうこと」だとすれば、互いにわかりあいたいと願いながら

私たちは、要するに、そのときどきの問題に対する「答え」を共有したがっているということになります。

[A]、そうした場合、ほんとうに②難しいのは、答えを共有することではなくて、「問題」を共有することではないでしょうか。実際のところ、「問題」というのは[注1]客観的に実在するものではなくて、ほとんど十人十色とさえ言える各人の[注2]主観的な関心やこだわりこそが、問題を問題として出現させているのです。[B]、しばしば私たちは、問題に対して（こちらの感覚からすれば明らかに）ピント外れの回答ばかりしている他者に出会うことにもなるのでしょう。実は、その他者は、こちらが「問題だ！」と思っていることを、そもそも問題などとは感じていない可能性が大きいのです。そういう他者たちに囲まれて、私たちは、「ああ、みんなどうしてわかってくれないんだろう」などと嘆《なげ》いたり苛立《いらだ》ったりするものですが、それはまぁ、仕方のないことですよね。厳しい言い方をすれば、自分にとってはいくら重大な問題でも、それはしょせん自分にとってのことで、ひょっとすると、こちらのこだわりが生みだした幻影《げんえい》にすぎないのかもしれないのです。そもそも実在しないかもしれない問題なのですから、それに対する「答え」の一致など望めなくて当然ではないでしょうか。

　こうして考えてみると、どうすれば互いに「わかりあえるのか」という問いは、結局のところ、どうすれば互いの「こだわり」を「わかちあえるのか」という問いに帰着するようです。けれども、この問いにアプローチする私たちは、しばしばそこに、「自分のこだわりをわかってほしいというこだわり」（【X】への【X】＝【X】の[注3]自乗）を重ねあわせてしまいがちで、そうなると、問題はさらに[注4]紛糾《ふんきゅう》して「[注5]自意識」や「[注6]承認欲求」ってやつの泥沼《どろぬま》に沈没《ちんぼつ》するほかなくなったりします。やれやれ、困ってしまいますね。

　とはいえ私の楽観的な見通しでは、その泥沼をくぐりぬけた向こうには、ちょっとすてきな青空が見えているような気もするのです。それは、「問題に対する答えを共有する」といったこととは③別種の「わかりあいかた」が生じる希望です。［C］、「あなたが、あなたとして、そんなふうにそこに存在している」という、ただそれだけのことを私たちが互いにいつか「わかりあう」ことがあったとして、それは別に、何かの問題に対する答えが一致するということではないでしょう？　そのとき私たちは、それぞれにとっての「自分の人生」という誰ともわかちあいがたいものの「わかちあいがたさ」をこそ、互いにわかちあい[注7]慈《いつく》しむことになるかもしれません。

（古荘真敬『ふたつのわかりあいかた』より）

注1　客観的…特定の立場にとらわれず、物事を見たり考えたりするさま。
注2　主観的…自分ひとりのものの見方・感じ方によっているさま。
注3　自乗…同じ数や文字を二回かけあわせること。
注4　紛糾…意見や主張などが対立してもつれること。
注5　自意識…自分自身についての意識。周囲と区別された自分についての意識。
注6　承認欲求…「他者から認められたい」という欲求。
注7　慈しむ…かわいがって大事にすること。

問一　［A］［B］［C］に入る語句として最も適当なものを次の中からそれぞれ選び、記号で答えなさい。

ア　だから　　イ　しかし　　ウ　つまり　　エ　たとえば　　オ　では

問二　――線部①「私たちの判断が互いに一致することが『わかりあうこと』」だと考える人々は、何を求めていると筆者は考えていますか。その求めていることを「～すること。」につながるように、文章中から抜《ぬ》き出しなさい。

問三　――線部②「難しいのは、答えを共有することではなくて、『問題』を共有すること」とあるが、それはなぜか。次の中から、この説明として最も適当なものを選び、記号で答えなさい。

ア　そもそも、個人の主観的な関心やこだわりによって問題は生まれるから。
イ　答えを共有することは簡単で、問題を共有することのほうが難しいから。
ウ　私たちは他者の持つ問題に対して、ピント外れの回答しかできないから。
エ　そもそも、各々の問題に対する答えの一致などは望めなくて当然だから。
オ　答えは誰にでも理解できるものしか、答えとして成立しないから。

問四　【　X　】に入る語句を、文章中から抜き出しなさい。

問五　――線部③「別種の『わかりあいかた』」とあるが、何を「わかりあう」と筆者は言っているか。文章中の言葉を使って四〇字以内で説明しなさい。

問六　次の生徒ア～オの会話は、本文と【資料】を読んだあとに、「わかりあう」ことについて話し合ったものである。生徒ア～オの発言の中で、本文と【資料】の内容に合っているものには○を、合っていないものには×を書きなさい。

【資料】

（戸田山和久『こんな問題を考えてはいけない』より）

生徒ア　「他の人とわかりあうためには、まずはお互いが抱えている問題が何なのか、問題そのものを共有することが大事だってことが、本文から理解できたように思うな」

生徒イ　「確かにそうだね。それぞれが考える答えを共有することが、わかりあうことだと考えがちだけど、個人の主観的なこだわりから生まれる問題を共有することから始めないと、何を話しているのかもわからないね」

さとし：この図を見てごらんよ。

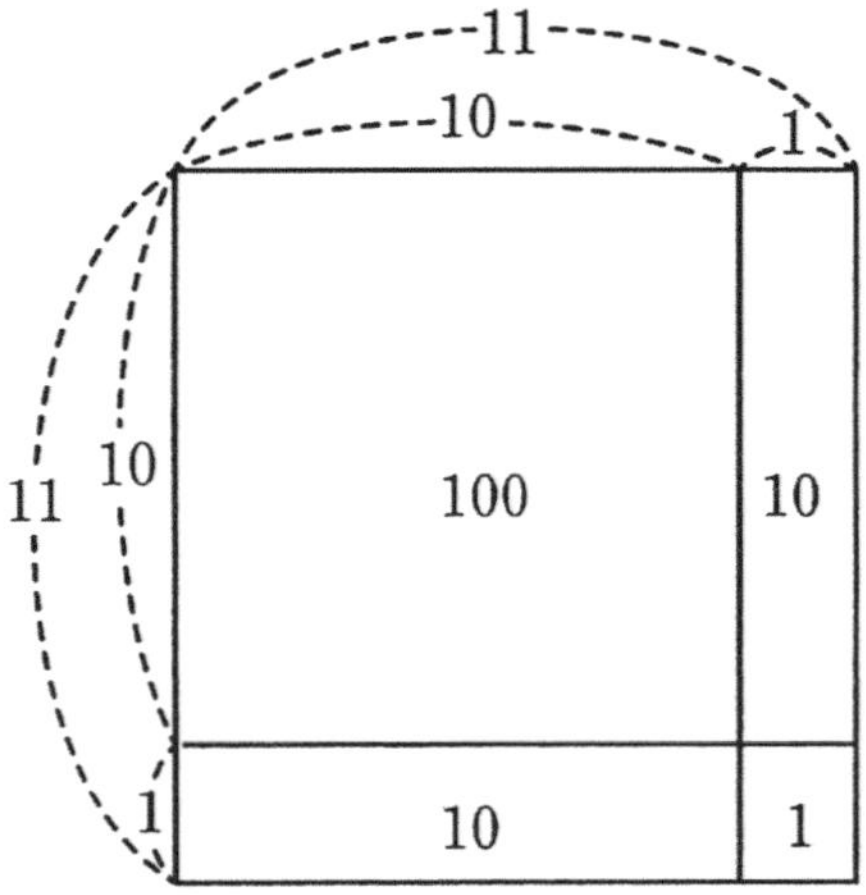

11＝10＋1 だから、長さと面積に注目すると、

11×11＝100＋10＋10＋1＝121 になるよね。

この考え方を使えば、12＝10＋2 だから、

12×12＝100＋20＋20＋4＝144 だよ。

まな：本当だ。同じ数を２回かけ算するときにはこの方法で足し算に変えられるわね。じゃあ 103×103 をこの考え方で計算してみるわね。

この式を４つの数の足し算に変えて……

103×103＝ (4) できたわ。

(1) ア ～ カ の中に当てはまる数字を入れ、文章を完成させてください。

(2) $\left(\frac{2}{5}-\frac{1}{3}\right)\times 15$ の計算を、さとしさんの計算方法を参考にして、計算してください。

(3) 198×17－188×17 の計算を、さとしさんの計算方法を参考にして、計算してください。

(4) 103×103 の計算を、さとしさんの計算方法を参考にして、計算してください。

【問題はこれで終わりです。】

8 **計算の決まりを使うと、計算がかんたんになることがあります。**
さとしさんとまなさんとの会話文を読んで、以下の各問いに答えなさい。

さとし：前に算数の時間に計算の決まりについて勉強したよね。

まな：覚えているわ。交換の決まりと結合の決まりでしょ。

さとし：あと分配の決まりというのもあったよ。例えば、103×12 を計算するときに、

$$
\begin{aligned}
103\times12 &= \left(100+\boxed{\text{ア}}\right)\times12\\
&=100\times12+\boxed{\text{ア}}\times12\\
&=1200+\boxed{\text{イ}}\\
&=\boxed{\text{ウ}}
\end{aligned}
$$

というやつだね。

まな：この決まりを使えば、$\left(\dfrac{2}{5}-\dfrac{1}{3}\right)\times15$ の計算をするときも、かっこの中から先に計算せずに、引き算を使って答えが $\boxed{\quad(2)\quad}$ だとわかるわ。

さとし：それから、分配の決まりを逆向きに使うと、

$$
\begin{aligned}
8\times77+8\times23 &= 8\times\left(77+\boxed{\text{エ}}\right)\\
&=8\times\boxed{\text{オ}}\\
&=\boxed{\text{カ}}
\end{aligned}
$$

のような計算もできるね。

まな：じゃあ、198×17－188×17＝$\boxed{\quad(3)\quad}$ ということね。これなら暗算でもできそう。

6 下の図形は、半径６ｃｍの円をかき、その円周上の６つの点を結び、正六角形を作ったものです。さらに、６つの点を中心にして、半径６ｃｍの円の一部が太い線で６本かかれています。このとき次の各問いに答えなさい。
ただし、円周率は 3.14 とします。

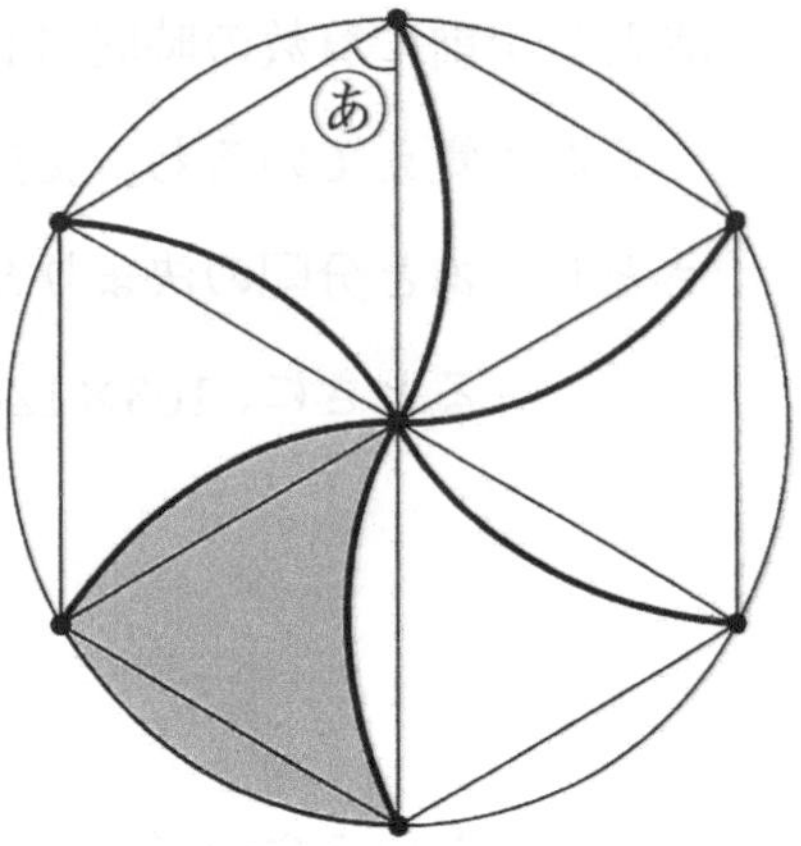

(1) (あ)の角度を求めなさい。

(2) 影《かげ》のついた部分の面積を求めなさい。

(3) 太い線の長さの合計を求めなさい。

7 下の図のように１ｃｍの間かくに点が並んでいます。この中から４つの点を選んで結び、正方形をつくるとき、次の各問いに答えなさい。

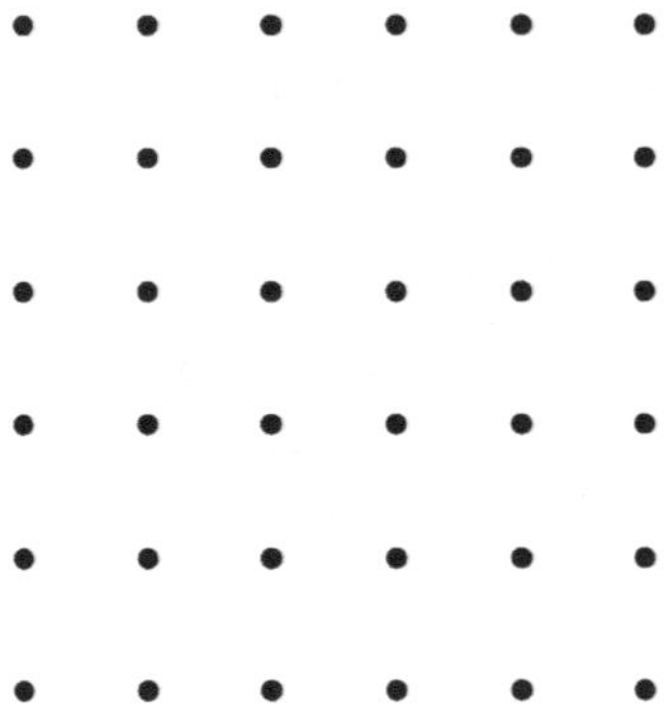

(1) 面積が１cm^2の正方形はいくつできますか。

(2) 面積が２cm^2の正方形はいくつできますか。

(3) 面積が13cm^2になる正方形を１つ作り図の中に書き入れなさい。

5 てんびんを使って重さを量ります。このとき次の各問いに答えなさい。
ただし、おもりは下の6種類がそれぞれ1つずつあるものとします。

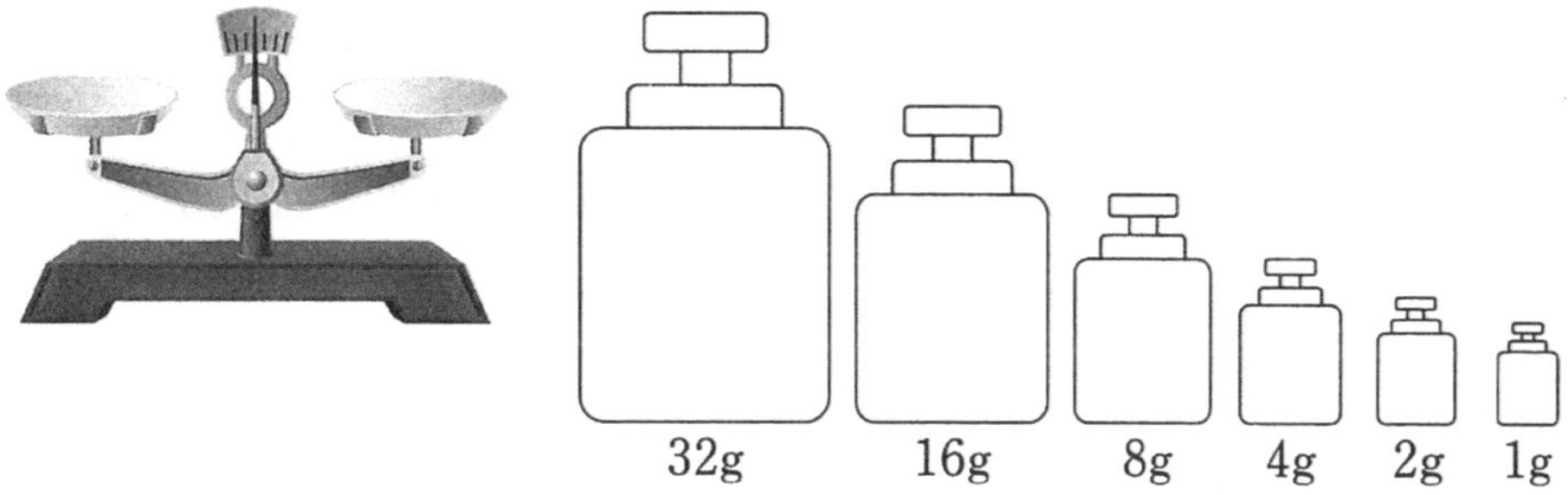

(1) 40gのものを量るには、［　ア　］gと［　イ　］gのおもりをそれぞれ1つずつ使います。アとイに当てはまる整数を入れなさい。

(2) ものの重さを、0と1を使った新しい単位Gで表すことにします。
ルールは、下の表の個数の部分に0と1のどちらを入れるかで決めます。

おもり	32g	16g	8g	4g	2g	1g
個数						

例えば、1gは、

おもり	32g	16g	8g	4g	2g	1g
個数	0	0	0	0	0	1

より、1G

2gは、

おもり	32g	16g	8g	4g	2g	1g
個数	0	0	0	0	1	0

より、10Gです。

この方法で表すと、40gは［　ウ　］Gです。ウに当てはまる数を入れなさい。

(3) 101010Gは［　エ　］gです。エに当てはまる数を入れなさい。

(4) 111Gと1100Gの和は［　オ　］Gです。オに当てはまる数を入れなさい。

4 次の□の中に当てはまる数字を入れなさい。

(1) A町の面積はB町の2.7倍あります。A町の面積が24.3km² だとすると、B町の面積は［ ア ］km² です。

(2) Cトンネルの長さは5.6km、Dトンネルの長さは4.2kmです。
Dトンネルの長さはCトンネルの長さの［ イ ］倍です。

(3) 増量して600mLになったペットボトルのお茶があります。これがもとの量の120%だとすると、もとの量は［ ウ ］mLです。

(4) Eさんは、いつも130円で売っているあんパンを20%引きで3個と、いつも220円で売っているカレーパンを15%引きで2個買いました。
合計金額は［ エ ］円です。

問五

問六
ア
イ
ウ
エ
オ

小　計

三

問一
状態

問二

問三

問四

問五

問六

問七
A
B
C

問八

問九
ア
イ
ウ
エ
オ

小　計

問十

80
120

小　計

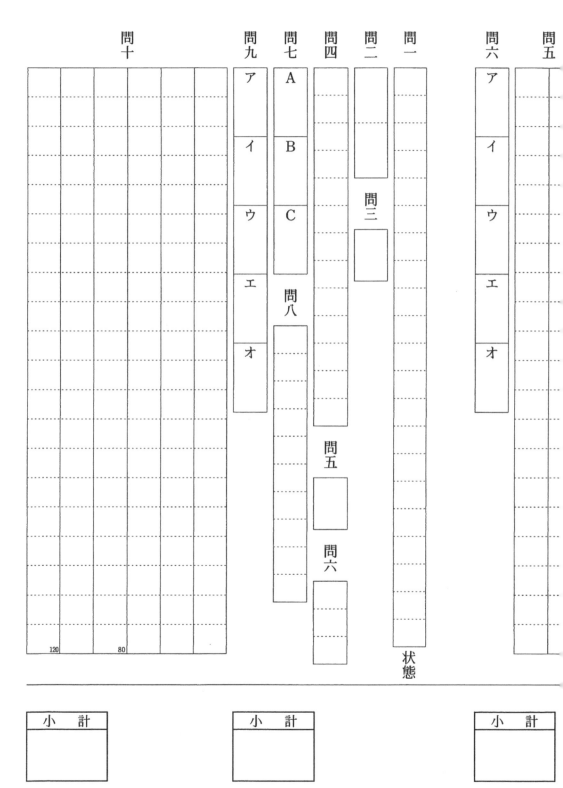

令和６年度 算　数 前期A 解答用紙

（配点非公表）

受験番号	氏　　　名	小　学　校　名
		小学校

1	（ア）	（イ）	（ウ）	（エ）	（オ）	（カ）	（キ）	（ク）	（ケ）	（コ）

（サ）	（シ）	（ス）	（セ）	（ソ）	（タ）

2	（ア）	（イ）	（ウ）

3	（1）	（2）	（ア）	（イ）

4	（ア）	（イ）	（ウ）	（エ）

小　　計

【解答

5					

6	(1)	(2)	(3)
	°	cm^2	cm

小　計

7	(1)	(2)
	個	個

(3)

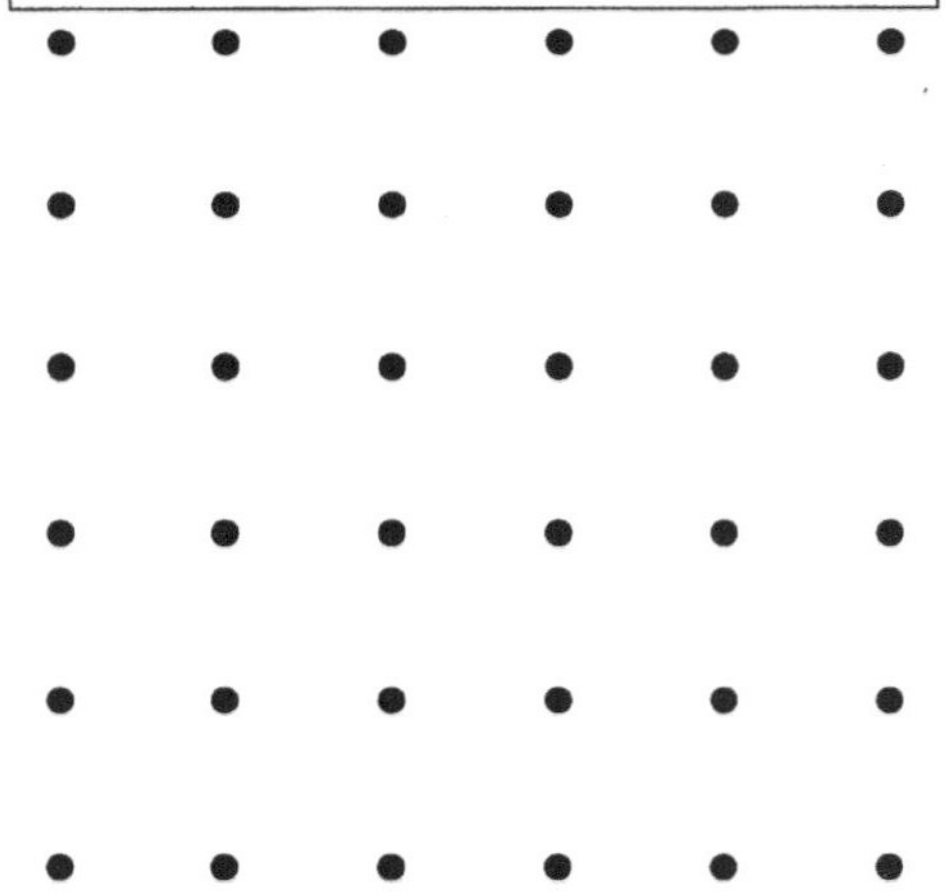

8	(ア)	(イ)	(ウ)
	(エ)	(オ)	(カ)

(2)	(3)	(4)

小　計

令和6年度 国語 前期A 解答用紙

受験番号

氏名

小学校名　小学校

（配点非公表）

一

問一 ① ② ③ ④ ⑤

問二 ① ② ③ ④ ⑤

問三 ① ② ③ ④ ⑤

二

問一 A B C

問二

すること。

小計

2 次の □ の中に当てはまる数字を入れなさい。

(1)　5.9＋2.731＝ [ア]

(2)　6.37÷0.17を計算します。商が37だとすれば、余りは [イ] です。

(3)　$\frac{7}{9}$＋ [ウ] ＝5

3 ページ数が2024ページの本があります。毎日23ページずつ読むことにしました。このとき次の各問いに答えなさい。

(1)　何日間で読み終わりますか。

(2)　1月1日から読み始めた場合、読み終わるのは何月何日ですか。
ただし、2月は29日まであるとします。

(3)　次の式が成り立つように、□ の中に当てはまる整数を入れなさい。
ただし、[ア] 、[イ] には、1以外の整数を入れてください。

2024＝8× [ア] × [イ]

(6)　1÷0と0÷1について、

1　どちらも割り算できる。

2　1÷0だけが割り算できる。

3　0÷1だけが割り算できる。

4　どちらも割り算できない。

正しいものを表す番号は［サ］です。

(7)　ある整数を8で割るところを、まちがえて9で割ってしまい、商が12, 余りが8になってしまいました。

その整数を8で割ったときの余りは［シ］です。

(8)　さとしさんとまなさんは、198枚の折り紙を使ってつるを折ります。

まなさんの方が、30枚多く折るようにすると、さとしさんの折る枚数は［ス］枚です。

(9)　けん算の式が633×19＋7＝12034になるもとの割り算の式は

1　12034÷633

2　12034÷7

3　633÷19

4　633÷7

です。

正しいものを表す番号は［セ］です。

(10)　四捨五入して100000になる数があります。

千の位で四捨五入した場合、元の数として考えられる最も小さい数は［ソ］であり、百の位で四捨五入した場合、元の数として考えられる最も小さい数は［タ］です。

1 次の□の中に当てはまる数字を入れなさい。

(1) 100人を3：1に分けると、 ア 人と イ 人に分かれます。
ア 人を1列に並べたとき、前から50番目の人は、後ろから数えると ウ 番目です。

(2) 1から10までの番号が書かれている10枚のカードを数字の小さい順に1列に並べます。下の条件をすべて満たす番号は エ です。

条件
・6の約数です。
・となりにも6の約数があります。
・その両どなりの数の和は6の倍数です。

(3) 午前9時12分の100分前の時刻は、午前 オ 時 カ 分です。

(4) 下の筆算の式が正しくなるように、 キ 、 ク の中に1から9までの整数を入れて、式を完成させなさい。

$$\begin{array}{rcc} & \text{キ} & 3 \\ - & 3 & \text{ク} \\ \hline & 4 & 7 \end{array}$$

(5) 1から9までの9つの整数から異なる4つを選び、2けたの整数を2つ作ります。
例えば、1，2，3，4を選び、12と34を作る等です。
このとき、できた2けたの整数の和は最も大きくて ケ です。
また、できた2けたの整数の差は最も小さくて コ です。

2024(R6) 静岡学園中
K 教英出版

令和６年度

算　数

前期Ａ

（50分）

注　意　事　項

1　「はじめ」の合図があるまで、この問題を開けてはいけません。
2　問題は全部で8ページあり、解答用紙はこの問題にはさみ込んであります。
3　ページの脱落や印刷不鮮明な箇所がある場合は、申し出なさい。
4　解答用紙には、**受験番号・氏名・小学校名**を必ず記入しなさい。
5　解答は、すべて解答用紙に記入しなさい。

生徒ウ　「そうそう。友達と話していても、結局答えが出なくて、何の話をしているのかもわからない時があるよ。
でも、友達だからなんとなくお互いのことがわかりあえてるよ」
生徒エ　「それは、本当にわかりあえていることなのかな。むしろ、自分と友達の違《ちが》いをお互いがわかちあうことが
大事なんじゃないかな。【資料】では、それをイスラム教徒とキリスト教徒の例で説明しているよ」
生徒オ　「でも、わかりあえない人同士が、どうやって一つの問題に対して答えを出していけばいいんだろう。
本文と【資料】から考えると、答えを一つに絞《しぼ》るために、おたがいのこだわりを捨ててわかりあうことが
大事なんだね」

三　次の文章を読んで、後の問いに答えなさい。

そして、オレのピアノ。

ずるずると①いいかげんな状態を引きずってきたけど、ついに、響子《きょうこ》先生からも言われてしまった。

『ハノン』の楽譜《がくふ》とにらめっこしながら、弾《ひ》くのにさんざん手こずっている最中だった。

「ちょっと、ストップ」

響子先生は、今まで見たことのないきびしい表情でオレを見た。

「ねえ、タカくん。一度、ゆっくり話したかったんだけど、聞いてくれるかな」

「あ、はい」

「音楽はね。文字通り、音を楽しむってことよね。『ハノン』は指を動かすための練習曲だから、たいくつかもしれない。でも、最近のタカくんはね」

響子先生は、楽譜の余白に鉛筆《えんぴつ》で、≪［Ⅰ］≫と書いた。

「こういう言葉があるかはわからないけど、≪音楽≫の反対だから、オ・ン・ク。まるで、音にくるしんでいるみたいに思えるのよね」

「オレ、くるしいって思ったことはないですけど。練習も全然していないし」

自慢《じまん》にもならないことを、ついぼそっと口走ってしまった。

響子先生は、［Ⅱ］。

「練習をしてないのは、よーくわかるわよ。じゃあ、どうして、練習しないのかしら」

「それは……」

口ごもったら断定された。

「練習が楽しくないからよ。つまり、ピアノを弾くのが楽しくないってこと。ねえタカくん、覚えてる？　お母さんに連れられてここに来たころのこと。タカくんは、それはもう楽しそうにピアノに向かっていたわ」

そうだったかなあ。

中途半端《ちゅうとはんぱ》に弾いてしまった目の前の楽譜をながめていたら、ぼんやりと頭の中に浮《う》かんできた。

ちゃんと弾きおえた時、響子先生が笑顔で書きこんでくれた大きな花まる。『よくできました』のしるし。

もらうとうれしくてたまらなかった。家に帰って母さんに見せると、「よかったね」、と笑顔が返ってきた。早く花まるがほしくて、いっしょうけんめい練習していたっけ。ピアノのふたをあけるのが楽しみだった。

それが、いつからなんだろう。②ピアノに向かっても、心が躍《おど》らなくなったのは。

オレの胸の中を見すかすように、響子先生は続けた。

「昔はよかった、とかそんなグチを言ってるんじゃないのよ。どんなことにも波はあるし、スランプもある。でも、四歳《よんさい》の時からずっと続けているわけでしょ。わたしとしても、ピアノを通してなにかをつかんでもらえればいいな、っていつも思ってる」

先生の言うとおりだ。今のオレは、ただ惰性《だせい》で続けているだけだ。

「オレ、どうすればいいか、わからなくて、迷っているんです。じつはこのあいだ、母さんからも言われちゃって。ピアノも親戚《しんせき》にゆずるなんて言いだすし……」

「お母さまが、そんなことを?」

響子先生は、すごく意外そうに目を見ひらいた。

「はい。オレがピアノをほとんど弾かないから、もうやめてほしいみたいな……」

「わたしは、やめろと言ってるわけじゃないのよ。タカくんは、弾く力はじゅうぶんにあるもの。だけど、今の感じだと、弾く気持ちがまるで見えないのよね。タカくんにとって、ピアノって、どんなものなのかな。一度ここで確かめてもいいと思うのよね」

確かめるって、いったいどうやって?

見当がつかなくてだまっていたら、響子先生は、③おもむろに言いだした。

「もうすぐ発表会があるわ。④いい機会だと思うの」

立ち上がると、戸棚《とだな》から楽譜のピースを三つ取りだしてきた。

ドビュッシーの『月の光』。モーツァルトの『トルコ行進曲』。そして、ショパンの『子犬のワルツ』。

「どれも弾きがいのある曲よ」

「待ってよ、先生。オレ、発表会に出るなんて言ってないよ」

思わず声をあげたけど、響子先生は取りあわず、さっと鍵盤《けんばん》に指を置いて、一曲ずつ、さわりの部分を試しに弾きはじめた。メロディが、ずかずかと耳へ流れこんでくる。

――おいタカ。すっぱりと断ればいいんだ。どうせ、ピアノなんかどうでもいいんだろ。

心の中から、ひとりのオレが声をかけてきたけど、かぶさるように、もうひとりのオレがささやいた。

――なあタカ。やってみろよ。今のまま、だらだらしてるだけでいいのかよ。

弾きおえた響子先生は、オレの顔をじっとのぞきこんだ。

「どれがよかったかしら?」

オレは、今聞いた三つのメロディラインを頭の中で巻きもどした。

『月の光』は、静かすぎた。【　A　】。だったら、『トルコ行進曲』か?【　B　】。それならば。『子犬のワルツ』はどうだろう。【　C　】。

「じゃあ、これにします」

楽譜を指さしたオレに、響子先生は、ニンマリとわらった。

「『子犬のワルツ』は、子犬が自分のしっぽを追いかけて、くるくる回っている様子をショパンが見て作ったんですって。それをイメージしながら曲作りをしていきましょう。楽しくがんばろうね」

結局オレは、⑤響子先生のペースにまんまとはめられたのかもしれない。

（横田明子『四重奏デイズ』より）

問一 ——線部①「いいかげんな状態」とは、具体的にどのような状態なのか、「状態」に続く形で、文章中から二十一字で抜き出しなさい。

問二 Ⅰ に入る一語を、漢字二字で考えて書きなさい。

問三 Ⅱ に入る最も適当な語句を次の中から選び、記号で答えなさい。

ア くやしそうに表情をくもらせた
イ 安心したように胸をなでおろした
ウ うれしそうに息をはずませた
エ 不思議そうに眉《まゆ》をひそめた
オ あきれたように肩《かた》をすくめた

問四　——線部②「ピアノに向かっても、心が躍らなくなった」とあるが、響子先生はそのようなタカくんの様子をどのように述べているか、文章中から十三字で抜き出しなさい。

問五　——線部③「おもむろに」の意味として最も適当なものを次の中から選び、記号で答えなさい。

ア　ゆっくりと
イ　急に
ウ　疑わしそうに
エ　あらたまって
オ　真面目な表情で

問六　——線部④「いい機会」とあるが、主人公にとってどんなことを確かめる「いい機会」なのか、書かれている一文を抜き出し、最初の三字を書きなさい。

問七【　A　】【　B　】【　C　】に入る適当な文を、それぞれ次の中から選び、記号で答えなさい。

ア　軽快なワルツのリズムには、自然と乗れそうだ。案外楽しく弾けるかもしれない
イ　どれもよく知られている曲だから、今のオレが弾くのは気が進まない

ウ　迷ってあせる今のオレには、気持ちのテンポが合わない気がする
エ　うん、この明るいメロディなら今の気持ちに合っていると思う
オ　いや、あんなにしっかりとした力強い流れは作れそうにない

問八　――線部⑤「響子先生のペースにまんまとはめられたのかもしれない」とあるが、それは響子先生のどのような様子からそう考えたのか、文章中から十字以内で抜き出しなさい。

問九　文章中のタカくんの気持ちの説明として正しいものには○を、正しくないものには×を書きなさい。

ア　『ハノン』をどのように弾けばいいのか困っていたが、響子先生にアドバイスしてもらって分かるようになった。
イ　ピアノをどうして練習しなければいけないのかと不満に思っていたが、やはりこれからも練習しないことに決めた。
ウ　ピアノの練習を最近はしていなかったが、自分がただなんとなくピアノを続けていたことに気がついた。
エ　ピアノを続けたいのかやめたいのかが分からなくて不安だったが、発表会の曲を決めて出ることに決めた。
オ　ピアノをすっぱりやめたいことをどう伝えたらよいか迷ったが、響子先生に今は言わないことにしようと思った。

問十　今までに、あなたが続けるかどうか迷ったことについて、八十字以上百二十字以内で書きなさい。ただし、次の三点に注意すること。

一　句読点や記号は字数にふくむこと。

二　書き出しは一字空けないこと。

三　段落を分けないこと。

（問題は以上です。）

令和5年度

国語

前期A

（50分）

静岡学園中学校

注意事項

一 「はじめ」の合図があるまで、この問題を開けてはいけません。

二 問題は十九ページあり、解答用紙はこの問題にはさみ込んであります。

三 ページの脱落や印刷不鮮明な箇所がある場合は、申し出なさい。

四 解答用紙には、**受験番号・氏名・小学校名**を必ず記入しなさい。

五 解答は、すべて解答用紙に記入しなさい。

六 字数制限のある問題では特にことわりがない限り、句読点やかぎかっこも一字に数えます。

一　次の問いに答えなさい。

問一　次の――線部の片仮名を漢字に直して書きなさい。

①来週イコウに来てください。

②客のイコウに合わせる。

③失敗してカイシンする。

④カイシンの出来だ。

⑤少年時代をカイソウする。

⑥そのお店はカイソウのため休業している。

⑦シジョウ初の快挙をなしとげた。

⑧新車にシジョウする。

⑨会議のシンコウ役をつとめる。

⑩留学生とシンコウを深める。

問二　次の四字熟語の□には同じ漢字が入る。その漢字を書きなさい。

①□進□退　②□由□在　③□体□命　④□種□様　⑤□心□意

問三　次のことわざと同じ意味のものを後の中から選び、□の漢字を書きなさい。

① ちりも積もれば山となる　② かっぱの川流れ　③ 五十歩百歩

どんぐりの□くらべ　□も歩けば棒に当たる　□里の道も一歩から

弘法《こうぼう》も□の誤り　□がば回れ

問四　――線部を、正しい敬語に直して書きなさい。

① 先生が明日の予定を言った。　② 「先生、それは私がします。」

二　**次の文章を読んで、後の問いに答えなさい。**

吉野《よしの》源三郎《げんざぶろう》という名前をご存知でしょうか。戦後、雑誌編集者・評論家として活躍《かつやく》し、平和運動にも力を尽《つ》くした人ですが、その吉野が一九三七年に少年少女向けに『君たちはどう生きるか』という本を発表しています。この本は当時から、そしていまに至るまでたいへんよく読まれており、手にされた方も多いのではないでしょうか。

これはコペル君というあだ名の中学生の物語です。この本のなかで作者がとくに問題にしたのは、自分を中心としてものごとを考えたり、判断したりする自己中心的なものの見方です。わたしたちはふだん、たとえばお肉は好物で毎日でも食べたいが、野菜は口にしたくないとか、いつも楽しく話しかけてくれるあのクラスメートは好きだが、わたしのやることにいつも文句を言ってくるあの子とはもう顔もあわせたくないし、口もききたくないとか、自分を中心にすべてのことを見ています。地理にしても、わたしたちは自分の家を中心に、身近な周りの家々、住んでいる町や市などを同心円的に配置し、学校などの自分にとって必要な場所を結びつけた地図を頭のなかに入れています。

　この小説に登場するコペル君の叔父《おじ》さんは、コペル君があるときデパートの屋上から霧雨《きりさめ》の降る町並み、道路の上を走る車や歩行者を眺《なが》めながら、世の中を大きな海に喩《たと》えれば、人間というのは一つの「水の分子」かもしれない、と語ったことをたいへん大切なことだと考え、ノートにコペル君へのメッセージを書き記します。かいつまんで言うと、自分を中心にして、自分の目に映るものだけを見ていては、ものごとの本質が見えなくなってしまう、大きな真理はそういう人の目には決して映らない、というのがそのメッセージです。

　コペル君の経験に即して言えば、大きな海から自分を（一つの水の分子として）見つめ直すと、［Ⅰ］が見えてくるということでしょう。それができたコペル君に、叔父さんはその大切さを強調したかったのだと思います。自分の思っていることや考えていること、あるいは自分の存在そのものを自分の視点からだけではなく、大きな視点から見ることがわたしたちにとって何より大切なのだというのは、作者である吉野自身の考えであったとも言えます。

　その「大きな視点から見る」というのは、具体的に言うと、どういうことを指すのでしょうか。おそらくそれは、単に［Ⅱ］ということではないと思います。また、ただ詳《くわ》しく知ればよいということでもないと思います。［Ⅲ］

ということでもありますし、人間全体のことを（場合によっては地球全体のことを）考えて、どういう未来を作っていったらよいかを考えることでもあると思われます。したがってそれは知識の問題でもありますが、①それにとどまらず、自分の生き方そのものにも関わっています。よりよい生き方や、よりよい社会のあり方について深く考え、その実現をめざして努力するということも含《ふく》めて、吉野は「君たちはどう生きるか」と問いかけたのだと思います。

　この「どのように生きるか」という問いは、哲学《てつがく》にとっても非常に大きな問題の一つです。そしてむずかしい問題です。簡単に答には行きあたりません。

　先ほど、自分を中心にしてものごとを見ているだけでは、②その本質が見えなくなってしまうと言いましたが、もちろん、自分を中心にしてものごとを見ること自体が悪いわけではありません。【A】それは非常に大切なことです。【B】動物の子であれ、人間の子であれ、赤ん坊は生まれてすぐに母親のお乳を求めます。【C】この自分のなかからわきあがってくる意欲がわたしたちの成長を支えています。【D】少し大きくなれば、子どもは言葉を覚えることにとても大きな興味を示します。小学校に入学したときのことを覚えているでしょうか。【E】子どもはそこで学ぶものに大きな関心を示し、次々に吸収し、自分の世界を広げていきます。やがてスポーツでも音楽でも、少しでもうまくなりたい、少しでも力をつけたいと考えるようになります。このよりよいものをめざす向上心がわたしたちを支えています。

　わたしたちはわたしたちのなかにある生きる意欲に衝《つ》き動かされ、さまざまなことに取り組みます。さまざまなことにチャレンジし、自分の可能性を実現し、自分の世界を広げていきます。それは社会に出てからも変わりません。芸術の道に進んだ人は、自分の作品を通して、できるだけ多くの人に感動を与《あた》えたいと思うでしょう。農業に携《たずさ》わる人は、より品質の高いものを消費者に届けたいと努力しますし、会社に入って営業に携わる人はより多くの製品を販売《はんばい》して成績をあげたいと考えます。このようにして自分自身が、そして家族が豊かな生活を送れるようにがんばります。また自分の作品や仕事を通して社会に貢献《こうけん》したいと考えます。

　このように日々努力することはとても尊いことです。しかしここに一つの大きな落とし穴が待ちうけています。わたしたちの【Ⅳ】が、欲望に変わってしまう可能性があるのです。生きる上でさしあたって必要でないものでも、目の前にあれば③それを手に入れたい、それだけでなく、できるだけ多くのものを手に入れたいと思うようになっていきます。欲望の特徴《とくちょう》は、いったんその対象になっているものを手に入れても、すぐにより多くのものを、より大きなものを追い求めようとする点にあります。欲望はいったん刺激《しげき》されると、かぎりなく大きくなっていきます。わたしたちは欲望の連鎖《れんさ》のなかに簡単にはまり込《こ》んでしまうのです。

　欲望の連鎖のなかにはまり込んでしまうと、頭のなかが欲望追求のことでいっぱいになって、自分自身の中身が空っぽになってしまいますし、他の人を顧《かえり》みる余裕《よゆう》もなくなってしまいます。要するに欲望の奴隷《どれい》になってしまうのです。自分を（あるいは自分だけを）中心にしてものごとを見ることの負の面がここに現れてきます。

　それはわたし一人だけの問題ではありません。現代はグローバル化の時代です。欲望の追求が世界規模でなされています。なりふりかまわない利益追求で富を得る人とそうでない人のあいだに格差が生まれています。あるいは利益の獲得《かくとく》をめぐって対立するグループのあいだに争いが生まれたりしています。自分の利益を守るために、自分のグループ以外の人たちを非難したり、排斥《はいせき》したり、あるいは攻撃《こうげき》したりすることも多くなっています。そのような対立や争いの結果、世界のあちこちで貧困や飢餓《きが》、迫害《はくがい》などで苦しむ人が増えています。

　いま世界ではそういったことが大きな問題になっています。わたしたちはここで立ちどまって考えなければならないと思います。

先ほど『君たちはどう生きるか』という本との関わりで、［Ⅴ］ことが大切なのだということを言いましたが、たとえば欲望に振《ふ》りまわされている自分を見つめ直すこともその一つだと言えるでしょう。差別や偏見《へんけん》で苦しむ人々や、内戦などのために生きる術《すべ》を失ったり、命を落としたりした人々のことを考えることもとても大切なことです。それも大きな視点から見ることの一例になるでしょう。

（藤田正勝『はじめての哲学』岩波ジュニア新書）

問一　［Ⅰ］に入る語句として最も適当なものを次の中から選び、記号で答えなさい。

ア　自分のいままで見えていなかった面
イ　自分の視点でしか見えない世界
ウ　自分のこれから進んでいく道
エ　作者である吉野自身の考え
オ　自分を中心にして見ているもの

問二　［Ⅱ］［Ⅲ］に入る語句として最も適当なものを次の中からそれぞれ選び、記号で答えなさい。

ア　自分を中心として見る
イ　一つの見方にこだわる
ウ　より多くのことを知る
エ　世の中のうそを見抜く
オ　他の人の立場に立って考える

問三　――線部①と③の「それ」の指す内容を、文章中から①は五字以内で、③は二十字以内で抜《ぬ》き出しなさい。

問四　――線部②「その本質」と同じ意味で使われている語句を――線部②より前の文章中から探し、五字で抜き出しなさい。

問五　次の文を入れるのに最も適当な場所を文章中の【A】～【E】の中から選び、記号で答えなさい。

生きようとする意欲に満ちています。

問六　[Ⅳ]に入る語句を、文章中から五字で抜き出しなさい。

問七　[Ⅴ]に入る語句を、文章中から十字以内で抜き出しなさい。

問八　筆者の主張として適当なものを次の中から二つ選び、記号で答えなさい。

ア　大きな視点から自分を見つめ直すことで、自分を中心にものごとを見るようになる。

イ　わたしたちは、生きる意欲によって自分の世界を広げていくことができる。

ウ　人の役に立ちたいと思うと、簡単に欲望の連鎖のなかにはまってしまう。

エ　自分を中心にしてものごとを見る負の面として、世界的に対立や争いが起こっている。

オ　「君たちはどう生きるか」の答えは簡単に分からないため、忘れてしまう人が多い。

三　次の文章を読んで、後の問いに答えなさい。

「じゃあちょっと、いま配ったしおりを見てください。表紙に記載《きさい》されてるホテルが、みんなの宿泊《しゅくはく》先になるから。黄色のしおりの人は『シーサイド・アークホテル』。水色のしおりの人は『グランドホテル満月』。ほんとはみんな同じホテルに宿泊できたらいいんだけど、他教室も含めてＰアカデミーの六年生は全員で四百人近くいるから、こうして二分割することになったんだ。三ページ目からは合宿中のクラスと班、部屋番号と班の担任の名前が記されてるんで、自分の名前の部分にマーカーを引いておいて。あと、毎年なぜか事前に、ホテルに出没《しゅつぼつ》する幽霊《ゆうれい》の情報なんかを集めてくる人がいるけど、そういうのは時間の無駄《むだ》だからやめろよー」

五十音順に並んでいる名前はフルネームではなく、姓《せい》と、下の名前の最初の一字のみがカタカナで記載されていた。「戸田俊介《しゅんすけ》」なら「トダ・シ」となり、「穂村倫太郎《ほむらりんたろう》」であれば「ホムラ・リ」となっている。誰《だれ》がどのクラスに入ったのかを、わかりにくくするためだろう。でも保護者にはわからなくても、塾の生徒なら知った名前をすぐに発見できる。

俊介は①逸《はや》る気持ちでタ行の欄《らん》を目で追った。もしPアカ新宿校のトップ、宝山美乃里《たからやまみのり》が同じホテルなら、水色のしおりが上位組ということだ。宝山はPアカの全体模試で常にベスト二十位に入るという、天才メガネ女子だった。

よしっ。しおりの中に「タカラヤマ・ミ」という文字を見つけ、思わずガッツポーズを作る。宝山は6組に入っているので、そこが一番成績の良いクラスということだ。

猿渡《さるわたり》先生から合宿に関する説明が終わると、ようやく解散になった。もう七時を過ぎていて、夏とはいえさすがに日が暮れている。教室の窓から見える、ビルだらけの街の明かりが輝《かがや》いていた。

「合宿のクラス同じだったね。俊介と一緒《いっしょ》でほんとよかったよ、知ってる人が誰もいなかったらどうしようかと思ってたんだ」

並んでB組の教室を出ながら、倫太郎が笑いかけてくる。クラスはホテルごとに六つに分かれていて、俊介と倫太郎は1組だった。

「おお。クラスも部屋も一緒なんて、おれら縁《えん》があるのかも。東駒《とうこま》にも一緒に行けたらなぁ」

塾生《じゅくせい》たちで押《お》しくら饅頭《まんじゅう》のような状態になったビルのエレベーターに、二人で乗り込む。元気が残っている時は階段を使うのだけれど、今日は完全に電池切れだ。

「つまりぼくらは、上位ホテル組の最下位クラスってことだよね」

②倫太郎が俊介だけに聞こえる声で、そう囁《ささや》いてくる。「1組かぁ……」と倫太郎があからさまにがっかりするので、その落ち込みに引きずられそうになる。

倫太郎と駅に向かって歩いている間、俊介はずっと黙っていた。倫太郎も話しかけてはこない。すれ違《ちが》う大人たちの顔にも一日の疲《つか》れが滲《にじ》んでいた。

上位ホテル組の最下位クラス。この位置から東京で一番難しい中学校を目指すのは、なかなか厳しい。夏期講習用のテキストと宿題の束、それに弁当箱や水筒《すいとう》を詰《つ》め込んだリュックは重く、歩いているとついつい前かがみになってしまう。

「俊介は志望校変えないの？　東駒のまま？」

駅が見えてくると、俯《うつむ》いて歩いていた倫太郎が顔を上げた。

「うん、変えないけど。倫は？」

「ぼくも変えない。いまの偏差値《へんさち》だとまだまだ厳しいけど、変えるつもりはない。東駒に行きたいんだ」

倫太郎が俊介の目を見て、小さく頷《うなず》く。

トレセンの選抜《せんばつ》に落選した日も、俊介は倫太郎と二人で帰った。その夕暮れの帰り道で、倫太郎から「③ぼく、中学受験をするんだ」と告白されたのだ。日本で最も偏差値が高い東栄大学附属駒込《ふぞくこまごめ》中学校。それが倫太郎が目指す中学だった。

「なんでその学校に行きたいの？」

そう尋《たず》ねた俊介に、倫太郎は「勉強を限界まで頑張《がんば》りたいから」と返してきた。

「限界まで頑張ったら、どうなるんだ」

令和５年度 算 数 前期A 解 答 用 紙 （配点非公表）

受験番号	氏　　名	小　学　校　名
		小学校

	(1)	(2)	(3)	(4)	(5)	(6)
1						

	ア	イ	ウ	エ
2				
	オ	カ	キ	ク
	ケ	コ	サ	シ

小　　計

	(1)	(2)	(3)	(4)
3	時速　　km	時　　分	km	時　　分

	(1)	(3)
4	cm	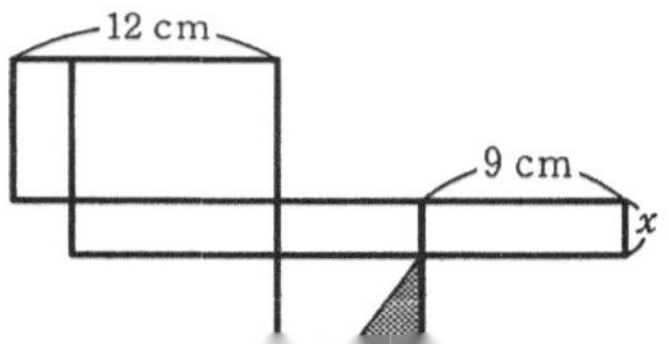
	(2)	

問一

問二
Ⅱ
Ⅲ

問三
①
③

問四

問五

問六

問七

問八

三

問一

問二

問三

問四

問五
a
b
c

問六

問七

四

問一
①
②
③

問二
④
⑤
⑥

問三
⑦
⑧
⑨

問四
⑩

小　計

小　計

小　計

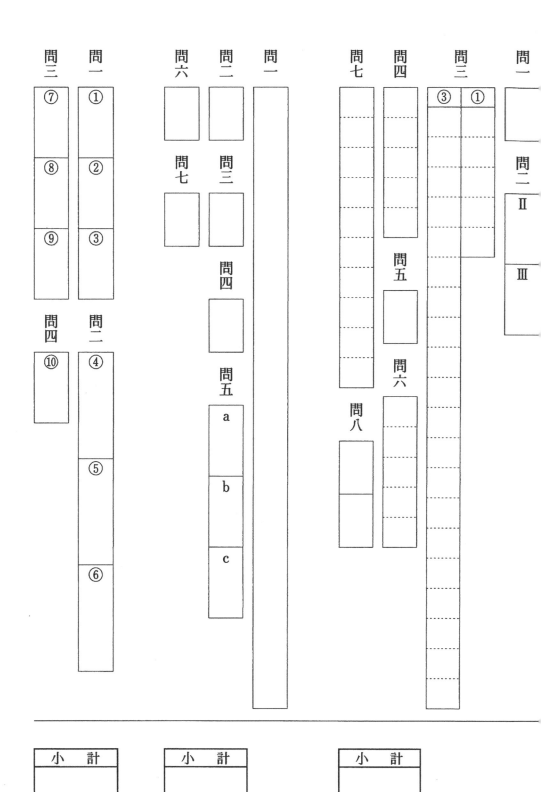

5 **下の図の色がついた部分について、次のものを求めなさい。**
円周率は3.14とします。

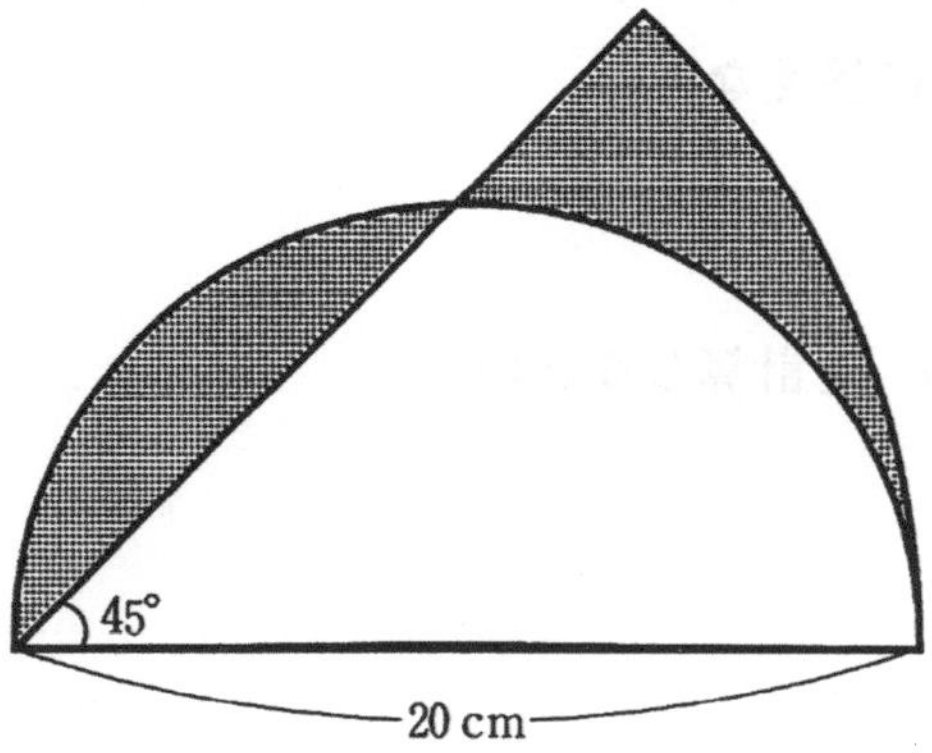

(1)　周りの長さ

(2)　面積

6 **A★Bは　(AとBの和)×(AとBの差)　の計算を表すものと約束します。**
例えば、4★7 は次のように計算します。

4★7＝(4＋7)×(7－4)＝11×3＝33　となるので、4★7＝33　となります。

次の問いに答えなさい。

(1)　5★9　を計算しなさい。

(2)　10★(8★3)　を計算しなさい。

(3)　□★1＝360　となるとき、□にあてはまる数を求めなさい。

7 1 2 のように数字が書かれたカードを、下の図のような規則にしたがって三角形に並べていきます。

例えば、4番目の三角形については、3つの頂点には 1 5 9 の数字が並び、一番下の真ん中には 7 が並んでいます。次の問に答えなさい。

(1) 50番目の三角形の3つの頂点に並んでいる数字は何ですか。

(2) 50 が一番下に並ぶのは、何番目から何番目までの三角形ですか。

(3) 100番目の三角形の一番下の真ん中の数字は何ですか。

(4) 3つの頂点の数字の和が 999 になるのは、何番目の三角形ですか。

8 整数を次のような決まりにしたがって並べていきます。

＜決まり＞
①ある整数が３の倍数のときは、その整数を３で割った数を次に並べる。
②ある整数が３で割ると１余る数のときは、その整数から１を引いた数を次に並べる。
③ある整数が３で割ると２余る数のときは、その整数に１を足した数を次に並べる。
④並べる整数が１または２になったら終了する。

例えば、1番目の数が 20 のときは、

1番目		2番目		3番目		4番目		5番目
20	→	21	→	7	→	6	→	2

となるので、5番目で終了して最後の数は２です。

(1)　１番目の整数が 34 のときは、何番目で終了して、最後の数は何ですか。

(2)　４番目で終了するときの１番目の整数は全部で何個ありますか。
また、その中で一番大きな整数と一番小さな整数は何ですか。

(3)　６番目の整数が３になるときの１番目の整数は全部で何個ありますか。
また、その中で一番大きな整数と一番小さな整数は何ですか。

9 下の楽譜《がくふ》は静岡学園校歌の楽譜です。

静岡学園校歌

古関裕而 作曲

次の対話文は、静岡学園校歌の楽譜について、ユウジさんと先生が対話をしている場面です。対話文の［　ア　］～［　カ　］にあてはまる数を正しく入れて、対話文を完成させなさい。

ユウジ：この曲が静岡学園の校歌なんですね。校歌を歌うと、曲の長さはどれぐらいですか？

先　生：実は、実際に歌って時間を計らなくても、楽譜を見れば曲の長さが計算で求まります。

ユウジ：本当ですか？どのようにして計算しますか？

先　生：まず、先頭に♩＝120 という記号がありますが、これは１分間に四分音符《しぶおんぷ》を120回数える速さという意味です。そして、$\frac{4}{4}$ という記号は、１小節に四分音符が４個分入っているという意味です。実際に速さを確かめるには、メトロノームという機械を使うと便利です。

ユウジ：ちょっと難しいです。

先　生：では、話を簡単にするため、ここでは次のように考えてみましょう。四分音符は♩という音符ですが、下の[楽譜１]のように、他にも色々な長さを表す音符があります。でも、それぞれの小節には四分音符がすべて４個分ずつ入っていると考えることができます。

[楽譜１]

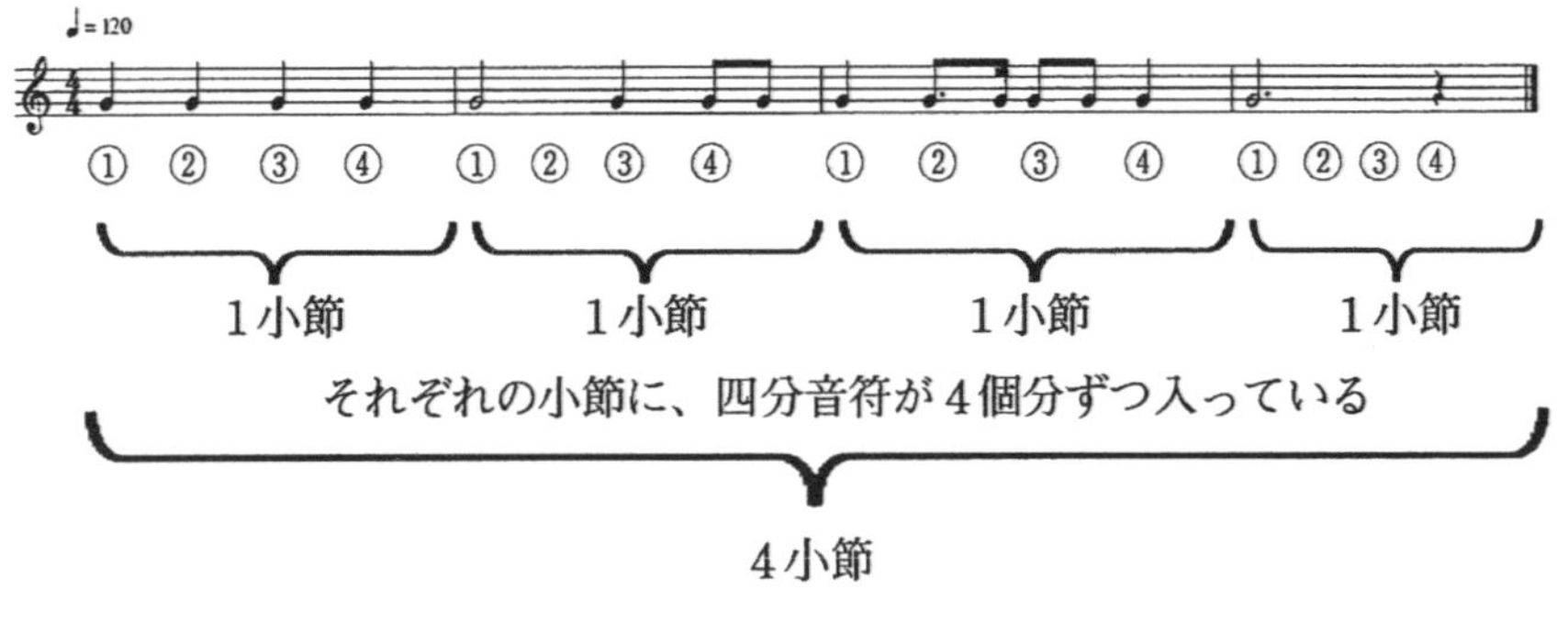

このように、１小節には４個分の四分音符が入っているので、２小節では四分音符が８個分ですね。[楽譜１]では全部で４小節あるので、四分音符は全部で何個分入っていますか？

ユウジ：[ア] 個です。

先　生：正解です。では、静岡学園校歌の楽譜を見ると、全部で28小節あります。

ユウジ：ということは、四分音符が全部で [イ] 個分ですね。

先　生：その通り。ところで、♩＝120 ということは、１分間に四分音符を120回数える速さ、つまり、60秒間に120個分の四分音符を数える速さです。では、１小節である４個分の四分音符を数えるのに、何秒かかりますか？

ユウジ：60秒間に120個分の割合だから、比の考えを使うと４個分では [ウ] 秒だと思います。

先　生：その通りです。ということは、静岡学園校歌は28小節だから…

ユウジ：静岡学園校歌を歌うと [エ] 秒かかりますね。

先　生：その通り。これで求まりましたね。それでは、もしも ♩＝105 の速さで静岡学園校歌を歌うと何秒かかると思いますか。

ユウジ：同じように比の考えを使って計算すればよさそうなので、[オ] 秒だと思います。

先　生：正解です。では今度は逆に、静岡学園校歌をちょうど48秒で歌い終わるようにするには、どれぐらいの速さで歌えばいいかわかりますか？

ユウジ：♩＝ [カ] の速さで歌えばいいと思います。

先　生：その通りです。では、実際にメトロノームを使って、時間を計ってみましょう。計算通りになるはずです。

ユウジ：もし、計算通りにならなかったらどうしますか？

先　生：それは、きっとメトロノームがこわれているんだと思います。

【問題はこれで終わりです。】

5	(1)	(2)
	cm	cm^2

6	(1)	(2)	(3)

小　　計

7	(1)	(2)
	,　　　　,	番目から　　　　番目
	(3)	(4)
		番目

8	(1)
	番目で終了して最後の数字は
	(2)
	全部で　　　個,　一番大きな整数は　　　　,　一番小さな整数は
	(3)
	全部で　　　個,　一番大きな整数は　　　　,　一番小さな整数は

9	ア	イ	ウ	エ	オ	カ

小　　計

令和5年度
国語
前期A　解答用紙

受験番号

氏名

小学校名　　小学校

（配点非公表）

一

問一　①　②　③　④　⑤　⑥　⑦　⑧　⑨　⑩

問二　①　②　③　④　⑤

問三　①　②　③

問四　①　②

小計

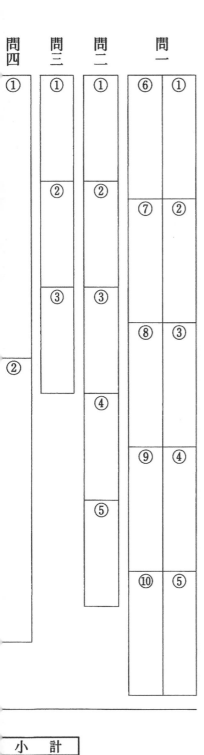

4 **次の図１は直方体の展開図で、その展開図を組み立てたときの見取り図が図２です。面の一部には色をぬってあります。**

図１

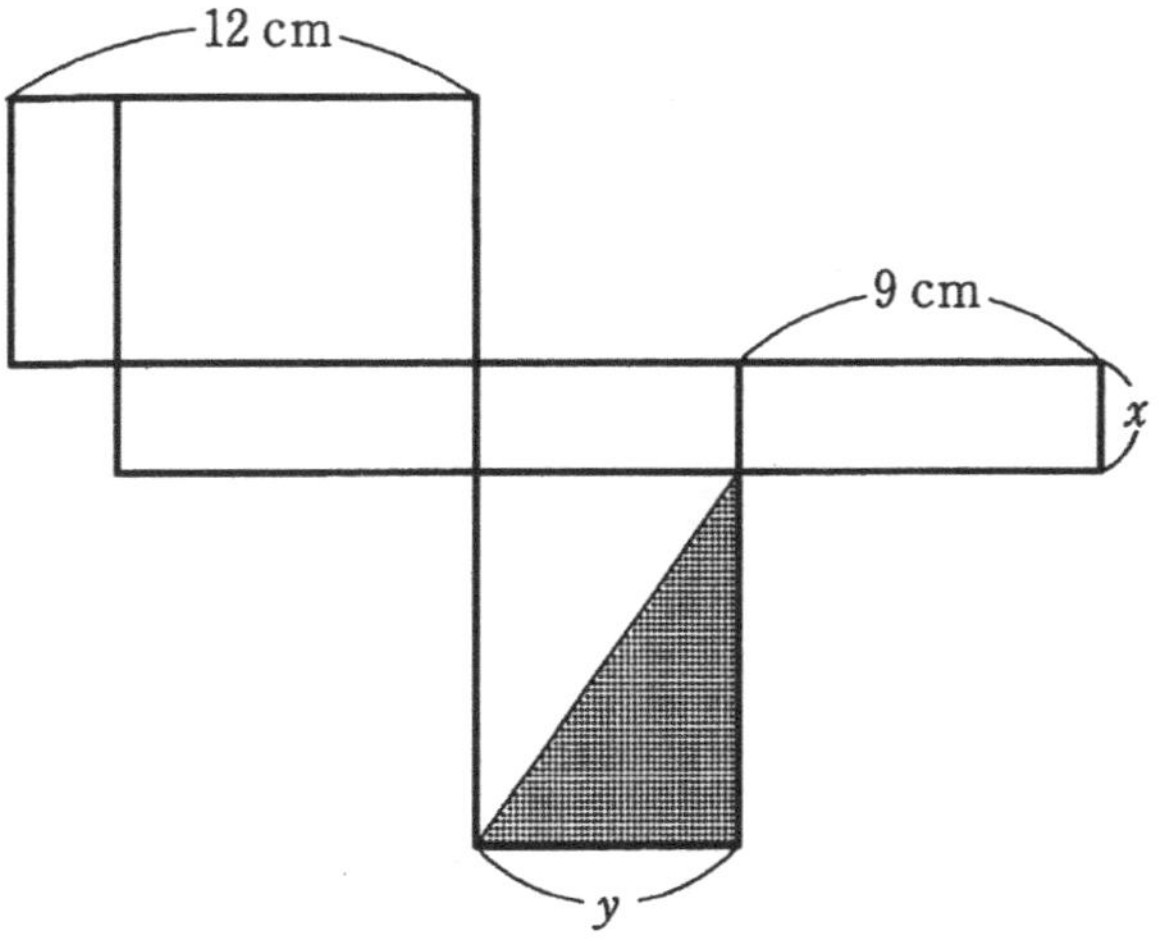

図２

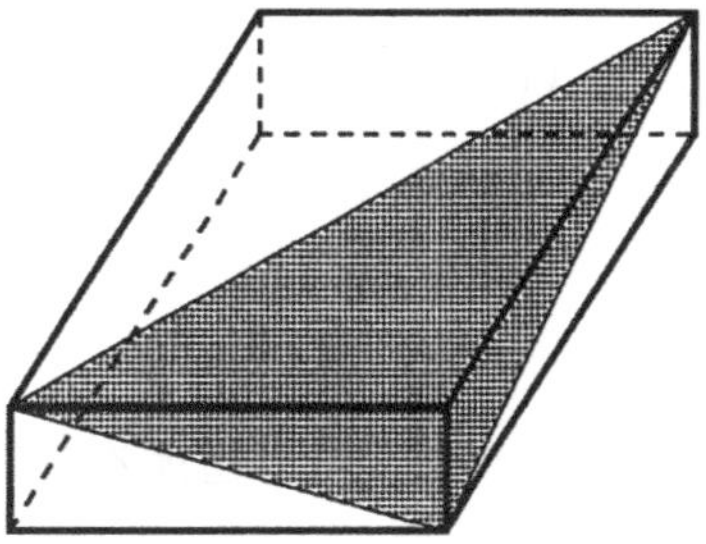

(1)　x の長さを求めなさい。

(2)　この直方体の体積は 135cm^3 です。y の長さを求めなさい。

(3)　**図１**の展開図の辺を山折にして組み立てたとき、**図２**の見取り図のように色をつけるためには、**図１**の展開図のどの部分をぬればよいですか。**図１**の残りの部分を完成させなさい。

③ A駅からB町停留所とC町停留所を通り、D駅までを往復する路線バスが一定の速さで走っています。
A駅からB町停留所までは5 km, B町停留所からC町停留所までは3 kmです。午前 8 時 40 分にA駅を出発するバスにトシヒトさんが乗りました。トシヒトさんの乗ったバスはB町停留所を通過し、C町停留所を午前 8 時 56 分に通過しました。D駅には午前 9 時 4 分に到着しました。

(1)　このバスの走る速さは時速何kmですか。

(2)　B町停留所を何時何分に通過しましたか。

(3)　C町停留所からD駅までの道のりは何kmですか。

(4)　午前8時30分にD駅を出発し、A駅にむけて走るバスにマヤさんが乗りました。マヤさんの乗ったバスとトシヒトさんが乗ったバスがすれ違ったのは、午前何時何分ですか。
ただし、マヤさんの乗ったバスはトシヒトさんのバスと同じ道を同じ速さで走り、どちらのバスも途中の停留所では止まりませんでした。

2 次の［ア］～［シ］にあてはまる数字を答えなさい。

(1)　2023 g は［ア］kgです。

(2)　1600円の40％は［イ］円です。

(3)　0.625を分数になおすと［ウ］です。

(4)　A, B, Cの３人が算数のテストを受けたところ、３人の得点は、それぞれ95点, 80点, 86点でした。この３人の平均点は［エ］点です。

(5)　3.5 Lのジュースを1.1 Lずつ水とうに入れます。
1.1 L入れた水とうは［オ］個できて、ジュースは［カ］Lあまります。

(6)　５円切手と６円切手が何枚かあります。これらの切手を使って63円支払うには、
５円切手を［キ］枚と６円切手を［ク］枚で支払う方法と、
５円切手を［ケ］枚と６円切手を［コ］枚で支払う方法があります。

(7)　音は１秒間に340 mの速さで進みます。今、ある場所で花火が上がりました。花火が上がってから４秒後に、花火の上がる音が聞こえました。音が聞こえた場所と花火の上がった場所は、［サ］m離《はな》れています。
また、花火を上げる場所から１km離れた場所では、花火が上がってから［シ］秒後に花火が上がる音が聞こえます。ただし、［シ］は小数第２位を四捨五入して、小数第１位までの小数で答えなさい。

1 次の計算をしなさい。

(1) $8+4\times6-2$

(2) $9+30\div(7-4)$

(3) $21\div3.5+7.2\div0.8$

(4) $\frac{5}{6}-\frac{1}{2}+\frac{3}{5}$

(5) $\frac{2}{9}\div\frac{7}{10}\times\frac{3}{5}$

(6) $60\times\left(\frac{7}{15}-\frac{5}{12}\right)$

令和５年度

算　数

前期Ａ

（50分）

注　意　事　項

1　「はじめ」の合図があるまで、この問題を開けてはいけません。
2　問題は全部で10ページあり、解答用紙はこの問題にはさみ込んであります。
3　ページの脱落や印刷不鮮明な箇所がある場合は、申し出なさい。
4　解答用紙には、**受験番号・氏名・小学校名**を必ず記入しなさい。
5　解答は、すべて解答用紙に記入しなさい。

俊介は倫太郎がなにを言っているのか、よくわからなかった。勉強は限界までするものなのか。学校の授業を受けて、その日の宿題をすれば、それで終わりなんじゃないのか、と。

「限界まで頑張れば、見たことのない景色に出合うことができる、自分自身が想像もしなかった場所まで行けるって、うちのお父さんは言うんだ。飛行機が時速二百キロ超《ちょう》のスピードで滑走路《かっそうろ》を走るといつしか空を飛んでいるように、人間だって限界まで走ればどこか違う場所にたどり着ける。生き方が変わるって、お父さんに教えられたんだ。ぼくはサッカーでは限界までいけそうもない。[a]勉強をしてみようかなって思ったんだ」

「生き方が変わる……」

俊介は自分の頭の中でなにかが光った気がした。それはまるで空を飛ぶ飛行機のライトのように、遠く小さな、[b]胸をときめかせる光だった。

「あ、あのさ倫、そのトーエイなんとかって学校、どこにあんの？」

「東京だよ」

「それは、誰でも行ける学校なのか」

「誰でもは無理だよ。都内で一番偏差値が高い学校なんだ。入学試験に合格しないと」

「そこは他の学校となにが違うんだ？」

「なにが違うって言われても……。ああ、ぼくパンフレット持ってるよ。よかったら一つあげよっか？　お母さんが二つももらってきてるから」

「うん、ちょうだい。おれにもトーエイのパンフレット見せてくれ」

④俊介は力いっぱい頷いていた。

トレセンに落ちた日のことを思い出しながら、同じ電車に乗り込み、倫太郎が俊介より二駅前で降りる。ホームに立った倫太郎に「じゃあまた明日な」と声をかけると、

「俊介」

と息がかかるほど近くまで寄ってきた。歩きながら食べていたブドウ味のグミの匂いが、鼻先を甘くかすめる。

ドアが閉まります、とアナウンスが流れるのを気にもせずに倫太郎はさらに顔を近づけると、

「合宿、頑張ろうね」

と両目を潤《うる》ませ言ってきた。

「おうっ、頑張ろうぜ」

「死ぬほど勉強して、最後は6組の生徒に追いつこうね」

慌《あわ》てて走り寄ってきた駅員に腕《うで》をつかまれ、倫太郎が白線の内側までずるずると引っ張られていく。いつもはおとなしい倫太郎のそんな大胆《だいたん》な行動に、ぐっと力が湧《わ》いてくる。倫も必死なんだ。そうだよ、おれだって必死だ。死ぬほど勉強して、最後は6組の生徒に追いつく。[c]追い抜く。そうだ、それしかない。駅員に腕をつかまれながら倫太郎が片手を振ってきたので、閉まっていくドアに向かって⑤大きく手を振り返した。

電車がゆっくりと動き出し、窓の外の景色も流れていく。朝から夕方まで、わずかな休憩《きゅうけい》時間以外はずっと机の前に座っていたので、体中の関節が痛くて、油の切れた古い機械のようになっている。サッカーの時とは違う、でも心地《ここち》よい疲《つか》れだ。一日全力で闘った後の疲労《ひろう》は、それほど悪くない。

ドアのそばに立ったままぼんやりと外の景色を眺めていると、ナイター照明に照らされたルミナスの練習場がぽん

やり遠くに見えてくる。手のひらほどの土色の空間が、夜の街並みの向こうに浮《う》かんでいる。五歳《さい》から十一歳まで、あの空間は自分にとってとても大事な場所だった。あそこで仲間と一緒にボールを蹴《け》って、走って、跳《と》んで、泣いたり笑ったりしながら練習してきたのだ。グラウンドに通い続けた七年間のことを思い出すと⑥鼻の奥《おく》がきゅっと痛んだが、でも後悔《こうかい》はしていない。自分はいまも別の場所で頑張り続けている。

（藤岡陽子『金の角持つ子どもたち』）

問一 ——線部①「逸る気持ちで夕行の欄を目で追った」のはなぜか。文章中の語句を利用して説明しなさい。

問二 ——線部②「倫太郎が俊介だけに聞こえる声で、そう囁いてくる」とあるが、この行動の理由として最も適当なものを次の中から選び、記号で答えなさい。

ア 自分達が最下位クラスであることが恥ずかしいから。
イ 自分達が上位組ホテルであることが誇らしいから。
ウ 押しくら饅頭のようなエレベーターがわずらわしいから。
エ 階段を使えないほど二人とも疲れきっているから。

問三 ——線部③「ぼく、中学受験をするんだ」とあるが、その理由として最も適当でないものを次の中から選び、記号で答えなさい。

ア 見たことのない景色に出合いたいから。

イ 俊介のように限界まで頑張ってみたいから。

ウ 違う場所にたどり着いてみたいから。

エ 自分の生き方を変えたいから。

問四 ——線部④「俊介は力いっぱい頷いていた」とあるが、この時の俊介の心情として最も適当なものを次の中から選び、記号で答えなさい。

ア 倫太郎の話を聞いて、誰でも行けるという「トーエイ」に興味を持ち始めた。

イ 倫太郎の話を聞いて、倫太郎と同じ学校で一緒にサッカーをしたいと思い始めた。

ウ 倫太郎の話に共感し、偏差値の高い学校への受験に挑戦したいと思い始めた。

エ 倫太郎の話に共感し、塾の合宿で上位クラスに入りたいと思い始めた。

問五　[a]～[c]に入る接続詞として最も適当なものを次の中からそれぞれ選び、記号で答えなさい。

ア　でも　　イ　そして　　ウ　つまり　　エ　だから　　オ　あるいは

問六　――線部⑤「大きく手を振り返した」とあるが、この時の俊介の行動の説明として最も適当なものを次の中から選び、記号で答えなさい。

ア　倫太郎の気持ちに応え、頑張って勉強する決意を固めた。
イ　電車内なので、声を出さずに別れのあいさつをした。
ウ　考え事をしていたので、手を振ってやり過ごした。
エ　倫太郎が手を振ってきたので、同じように返してみせた。

問七　――線部⑥「鼻の奥がきゅっと痛んだ」とあるが、この時の心情を説明した次の文の[　　]に入る語として最も適当なものを後の中から選び、記号で答えなさい。

七年間必死に続けたサッカーに思いを馳《は》せ、[　　]を感じている。

ア　切なさ　　イ　怒り　　ウ　後悔　　エ　誇り

四　次に示したのは、男女の働き方に関するグラフと、それを見ながら先生と学くんが話している会話文です。これを読んで、後の問いに答えなさい。

A

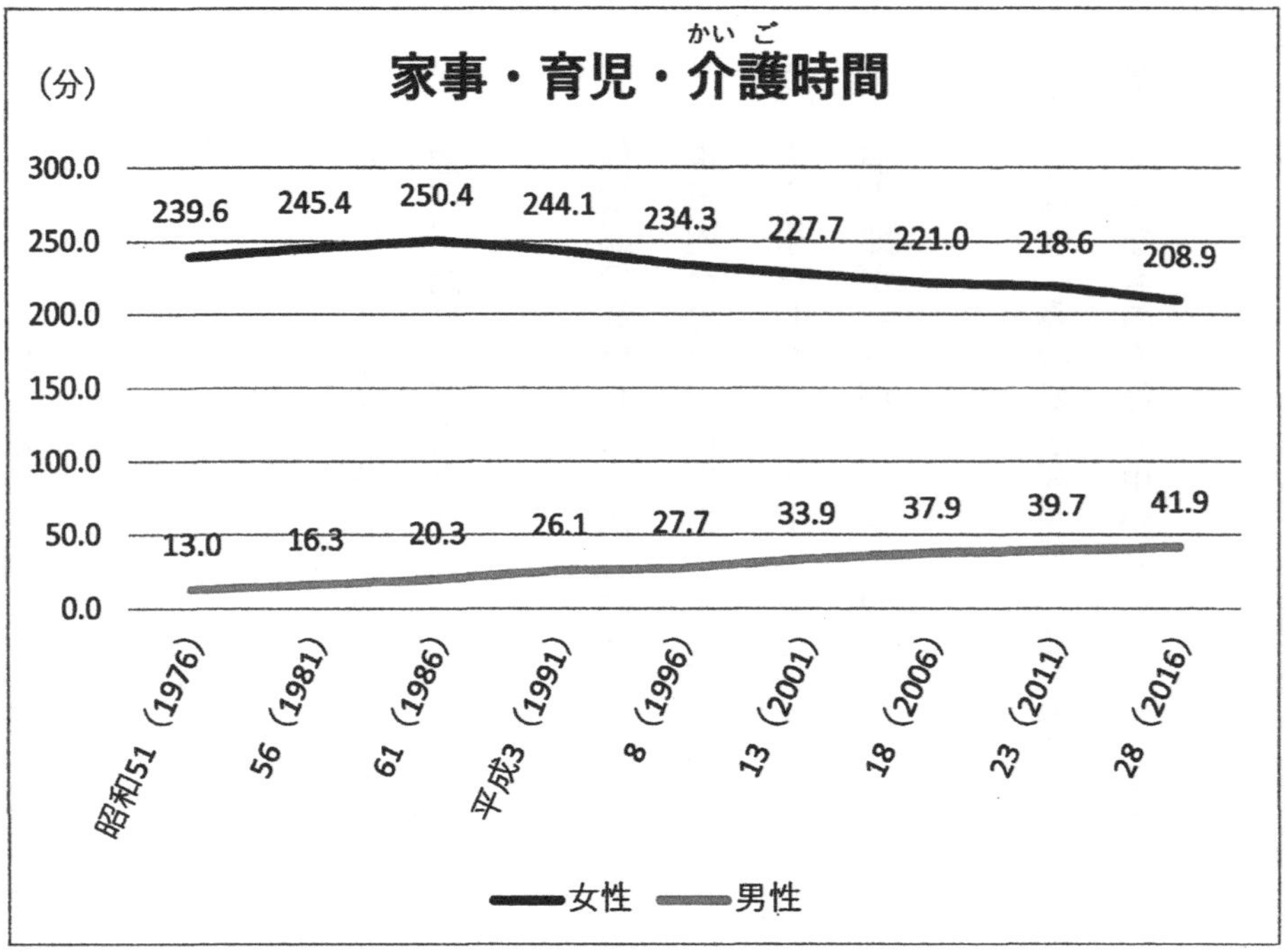

B

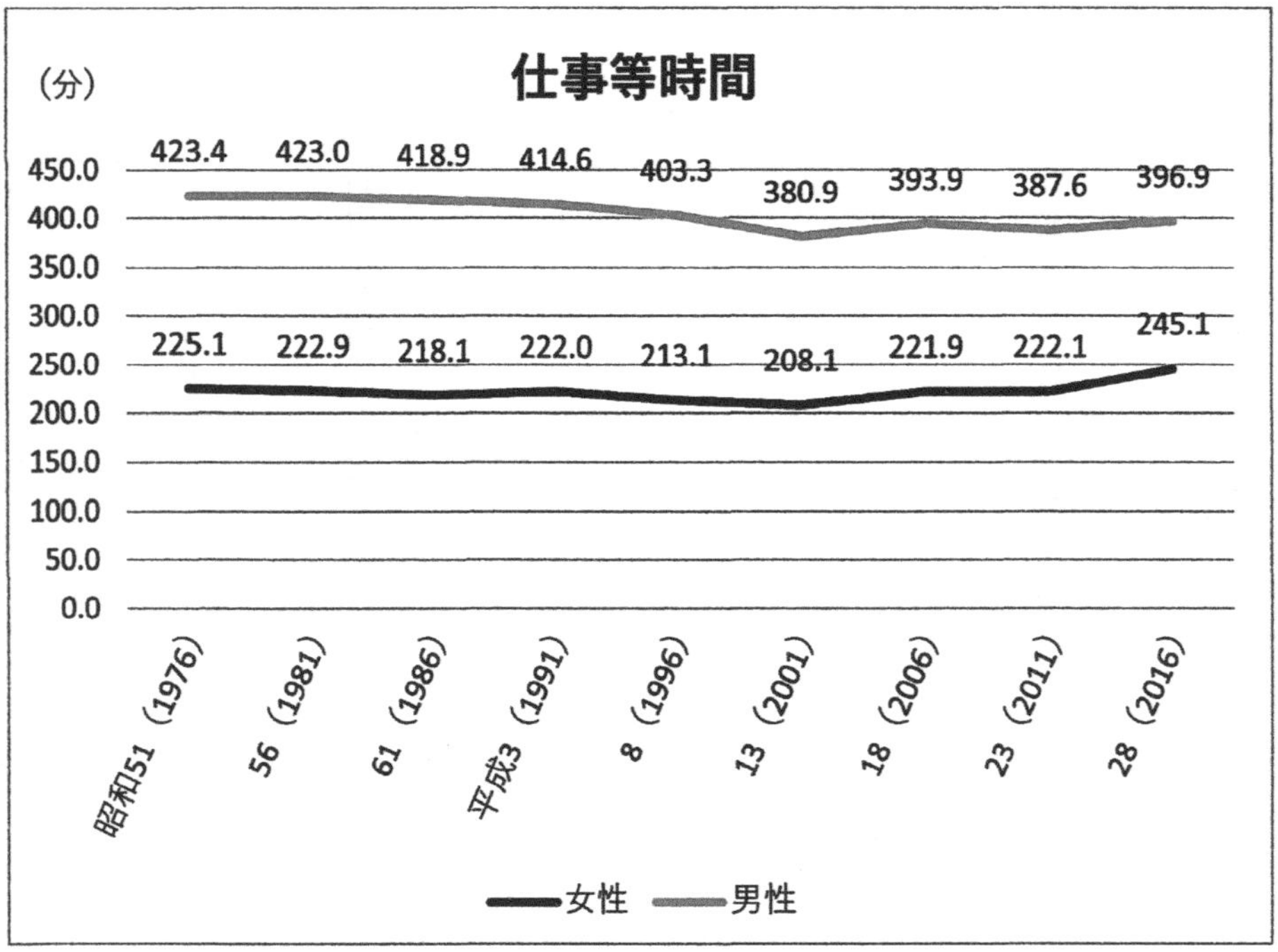

C

「夫は外で働き，妻は家庭を守るべきである」という考え方に関する意識の変化（男女別）

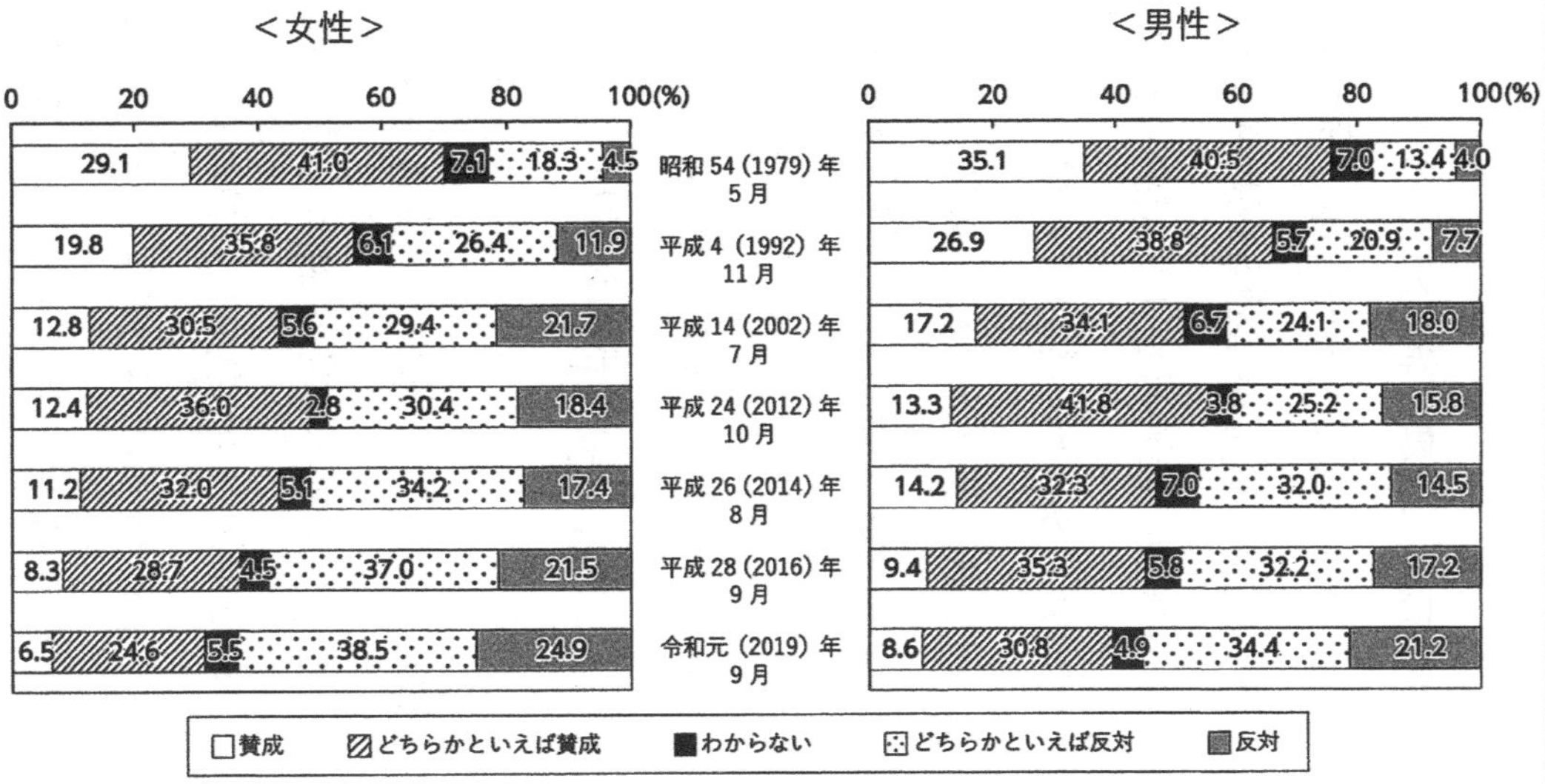

男女共同参画白書（令和2年度版）をもとに作成

学　グラフAを見ると、家事・育児・介護にかける時間は、男性と女性とでこんなに異なるんですね。

先生　そうだね。昭和六十一年と平成二十八年を比べると、家事・育児・介護にかける男性の時間は約[①]分増え、女性は約[②]分減っているね。女性の時間に対する男性の時間は約一割から約[③]割に増えているけれど、依然《いぜん》として女性の方が圧倒的《あっとうてき》に長時間使っているよね。

学　グラフBで、仕事にかける時間を、同じく昭和六十一年と平成二十八年で比べてみると、男性は約二十分[④]たのに対し、女性は二十分以上増えていますね。でも、そもそも男性と女性で、こんなに働く時間が違うんですか？

先生　いやいや、これは全体の平均であって、女性の中には主婦やパートタイムの人も多いんだよ。同じように考えると、女性が家事や育児にかける時間も、全体としては[⑤]ているように見えるけれど、子どもの数が減ったことや子どもを持たない人が増えたことを考えると、共働きであろうが専業主婦であろうが、子どもを産んだ人の「家事・育児・介護時間」はむしろ[⑥]ているかもしれないね。

学　結婚《けっこん》が遅《おそ》い人やしない人も増えているっていいますよね。グラフCを見ると、「夫は外で働き，妻は家庭を守るべきである」という考え方に反対する人は、男女ともに増えていますよ。

先生　そうだね。昭和五十四年には、男女ともに賛成が七割以上だったのに、女性は[⑦]には反対が五割を越《こ》え、以後ずっと反対が賛成を上回っているね。一方、男性も[⑧]には賛成と反対の数が同じになり、[⑨]には反対が上回ったけれど、五割以上になるのは令和元年になってからだね。

学　令和になって、「夫は外で働き，妻は家庭を守るべきである」という考え方に反対する人は男女とも六割ぐらいに増えたけれど、実際には[⑩]という夫婦がほとんどなんですね。

問一　[①]～[③]に入る数字として最も適当なものを次の中からそれぞれ選び、記号で答えなさい。

ア　二　　イ　四　　ウ　二十　　エ　四十

問二　[④]～[⑥]には「増える」「減る」のいずれかの語が入る。それぞれの[　]に入る適当な語を選び、[　]に入る形に直して答えなさい。

問三　[⑦]～[⑨]に入る年として最も適当なものを次の中からそれぞれ選び、記号で答えなさい。

ア　平成四年　　イ　平成十四年　　ウ　平成二十四年　　エ　平成二十六年　　オ　平成二十八年

問四　[⑩]に入る語句として最も適当なものを次の中から選び、記号で答えなさい。

ア　家庭を守っているのは夫　　イ　家庭を守っているのは妻

ウ　二人で協力して家庭を守っている　　エ　その時できる方が家庭を守る

（問題は以上です。）

令和4年度

国語

前期A

(50分)

静岡学園中学校

注意事項

一　「はじめ」の合図があるまで、この問題を開けてはいけません。
二　問題は十五ページあり、解答用紙はこの問題にはさみ込んであります。
三　ページの脱落や印刷不鮮明な箇所がある場合は、申し出なさい。
四　解答用紙には、**受験番号・氏名・小学校名**を必ず記入しなさい。
五　解答は、すべて解答用紙に記入しなさい。
六　字数制限のある問題では特にことわりがない限り、句読点やかぎかっこも一字に数えます。

一　次の問いに答えなさい。

問一　次の漢字の部首の名前をひらがなで答えなさい。

①職　　②脈

問二　次の漢字の濃い部分は何画目か、漢数字で答えなさい。

若

問三　次の熟語の読みはどの組み合わせになっているか、後の中から一つ選び、記号で答えなさい。

①客間　　②潮風

ア　音と音　　イ　訓と訓　　ウ　音と訓　　エ　訓と音

問四　次の熟語の対義語を漢字二字で答えなさい。

周辺

問五　次の熟語の類義語を漢字二字で答えなさい。

準備

問六　次のカタカナを漢字に直しなさい。

シヨウマッセツ

問七　次の熟語の構造を後の中から一つ選び、記号で答えなさい。

①投球　②食欲

ア　反対の意味の漢字を重ねたもの。
イ　似た意味の漢字を重ねたもの。
ウ　上の漢字が下の漢字を説明するもの。
エ　上の漢字の下に目的語がくるもの。

二　次の文章を読んで、後の問いに答えなさい。

　これからの時代、人類にとってよい未来を切り開いていくためには、科学者だけでなく、一般の人々も科学を知らなければならない。すべての人間が科学的でなくてはいけない。そんなふうにいわれる。

　①その発想は何も今に始まったものではなく、戦後からずっと続いてきた風潮だと思う。子どもたちに科学的な見方・考え方を教育する運動というのも十年、二十年前からあった。

　自分が研究者と呼ばれる者になり、ぼく自身、そうだ、ぼくは科学をやっているんだ、という気になったころ、ふと気がつくと世の中には、普通の人も日常生活を科学的に考えなければというテレビ番組や新聞・雑誌の記事があふれていた。

「科学的に見ないとちゃんと正しくものが理解できない」

　そういう意見を耳にしてぼくは疑問に思った。じゃあ、科学的に見ればちゃんとものがわかるというのは、ほんとうのことなんだろうか。そもそも科学というのはそんなにちゃんとしたものなんだろうか。そんなことをつい考えてしまったのだ。

　②それからは科学的といわれる態度をめぐって③ずいぶん議論した。

　科学的にこうだと考えられるという話が、しばらくするとまったく間違いだったということはよくある。

　たとえば、ある昆虫が非常に的確に行動しており、獲物《えもの》をつかまえるにはどこから近づいて、相手のどこを狙えばいいかちゃんと知っていて、それを実行しているという。

　実際にその様子を目撃すると確かにすごいなと思う。そのいきものにはそういう行動のパターンがあり、それに則《のっと》ってハンティングしているという科学的説明がされ、実に納得する。

でもほんとうにずっと観察していると、その説明ではダメな場合もたくさんあるということがわかってくる。

では人間の打ち立てた科学的説明とは、いったい何なのだ。そういうことを思うようになった。

自然界の事例をたくさん見れば、いきものが失敗することはままある。科学的にこういう習性があるから、そのいきものの行動はこのように予想がつくと教わったが、どうもそううまくいかない場合がたくさんあるらしい。

ならば世の中に理屈はないかというと、ないわけではない。

うまくいった場合は、なるほど、こうしたからうまくいったのかということがわかり、うまくいかない場合も、こうしたからまずかったのかということがわかる。

しかし、理屈がわかってもその通りにならないことはたくさんあって、よくわからなくなった。ほんとうにそういうものがあるのか。

こんな議論もした。絵を描くときに、ある色を作り出そうとする。何色と何色を混ぜればその色ができるという理屈はわかっているから、それにしたがうと近い色が出てくる。でも近いだけでその色になるわけではない。

理想通りにうまくいくことのほうがめずらしいのであって、現実には④ノイズが入るのが普通ではないか。

つまりこの世はめちゃくちゃなカオスというわけではなく、そこには何か筋道があるらしい。それを探るためには科学的にものを見ることが大切だ。それ以外に、ささやかな筋道すら見つける方法はないということだ。

となるとぼくには、今度は、科学的にものを見るとはどういうことかがわからなくなった。どういうことが科学的な手法なのか。

（略）

人間は理屈にしたがってものを考えるので、理屈が通ると実証されなくても信じてしまう。

実は人間の信じているものの大部分はそういうことではないだろうか。

いつもぼくが思っていたのは、科学的にものを見るということも、そういうたぐいのことで、そう信じているからそう思うだけなのではないかということだ。

本来いない動物の話を、あたかもいるように理屈っぽく考えて示すと、人はそれにだまされる。

真《ま》に受けた学生や大学教授もずいぶんいた。正式な問い合わせや標本貸出の依頼もあったくらいだ。

そういう結果になるようなことを、なぜあなたは研究者としてやったのか。はじめからうそだとわかっているものをやるのは研究者としてよくないと、その当時ずいぶん怒られた。

それに対してぼくはこう答えていた。人間はどんな意味であれ、⑤きちんとした筋道がつくとそれを信じ込《こ》んでしまうということがおもしろかったので、そのことを笑ってやりたいと思って出したのです。わたしたちはこっけいな動物だということを示したかったのです、と。

すると今度は、あなたは人が悪いといわれた。

そもそも理屈は人間だけのものかというと、そうではない。

こうだからこうなるだろうという推測は動物もしている。

たとえばここにフンがあれば、それを残した動物がわかり、近くにその動物すなわち食いものがあるようだと推察する。どのくらいの理屈かということはあるけれど。

人間の場合は、筋さえつけば現実に存在してしまうというところまでいくのが特徴だ。

（略）

著者は、よくぞそこまでというくらい、いっしょうけんめい考えた。それは、遊びとしてすごくおもしろい遊びで、人間はその遊びがすごく好きなのだ。そしてときにそうした遊びに⑥足もとをすくわれたりもする。⑦そういう動物はほかにいない。

そのことに気がついている人は、『機械の中の幽霊』を書いたアーサー・ケストラーをはじめとして、昔からけっこういる。

ちゃんとした理屈に則っていると思えるような議論をすると、幽霊でも何でも存在すると証明できてしまう。それをおもしろがるのはよいけれど、理屈にだまされることには気をつけなければ、と思った。そして次に、それで遊んでやろう、あるいは人を遊ばせてやろうと思った。

何が科学的かということとは別に、まず、人間は論理が通れば正しいと考えるほどバカであるという、そのことを知っていることが大事だと思う。

（日高敏隆『世界を、こんなふうに見てごらん』より）

問一　——線部①「その発想」とあるが、それはどんな発想か。文章中から二十字で抜《ぬ》き出し、最初と最後の五字を答えなさい。

問二　——線部②「それから」とあるが、具体的にはどういう状況になったときからか。文章中の言葉を参考に、「〜ときから。」に続く形で四十字以内で説明しなさい。

問三　――線部③「ずいぶん議論した」とあるが、それはどんな内容か。その説明として最も適当なものを次の中から選び、記号で答えなさい。

ア　科学的な説明はそもそも間違いだらけだ。
イ　科学的な説明は新しい発見で上書きされる。
ウ　科学的な理屈や説明通りにいくことは少ない。
エ　科学的にものを見て、筋道を見つけることはできない。

問四　――線部④「ノイズが入る」とあるが、それと同じ内容を表す別の表現を、文章中から七字で抜き出しなさい。

問五　――線部⑤「きちんとした筋道がつくとそれを信じ込んでしまう」とあるが、それと同じ内容を表す部分を、文章中から十三字で抜き出しなさい。

問六　――線部⑥「足もとをすくわれたりもする」とあるが、「足もとをすくわれる」とはどういうことか。文章中から五字で抜き出しなさい。

問七　――線部⑦「そういう動物」とは何か。文章中から二字で抜き出しなさい。

三　主人公のユウスケは、父と姉、双子《ふたご》の妹と暮らしていた。次の文章を読んで、後の問いに答えなさい。

　その日はすごく暑い日で、ぼくとコウジが放送当番だった。だけど、ぼくにはどうしても①用事があったので、下校放送のときはコウジだけにやってもらった。もちろん先生にもちゃんと理由は説明しておいた。コウジはあとでぼくの家に来るそうなので、そのとき一人で当番をやってくれたお礼にジュースを一本おごってやる約束をしてから、ぼくは先に放送室を出て家に帰った。急いで帰った。

　家に帰ると、お姉ちゃんの気配《けはい》がした。玄関《げんかん》に並んでいたクツで、お姉ちゃんがいるってことがわかったんだけど、応接間にはいないようだった。台所にもいなかった。そのとき部屋からぼくの名前を呼ぶ声がして、お姉ちゃんが自分の部屋にいることを知った。

　お姉ちゃんの部屋に入ってみると、中は空っぽだった。残っているのは、上にふとんをしいていないベッドと、空っぽの棚《たな》がいくつか。それに、大きなかばんぐらいだけだった。そのかばんの上に、お姉ちゃんは座っていた。

「もう、全部運んでもうたわ。あとはこのかばん持っていくだけや」

　お姉ちゃんはそう言うと、部屋をぐるりと見まわした。「ベッドは大き過ぎて持っていかれへんから、ここに置いてくわ。好きなように使ったらええ」

「そこの棚は？」

「カラーボックス？　これはユウスケにあげるわ。あんたはミカとちがって、なんでも片付けたがるほうやろ。せやから、これを使ってなんでも整理したらええ」

「サンキュ」

10 次の図の斜線《しゃせん》の部分の面積を求めなさい。ただし円周率は 3.14 とします。

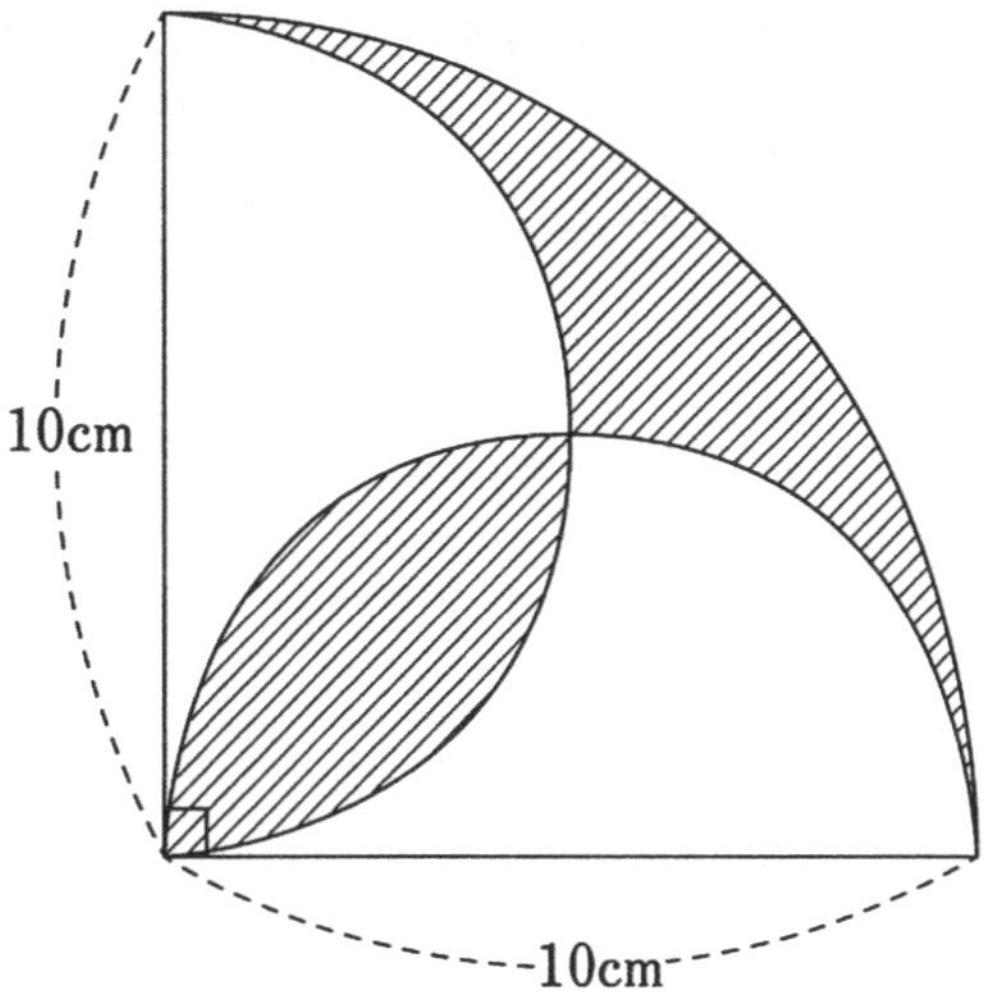

11 下の図は立方体の展開図《てんかいず》です。組み立てたときに、見取図のように、横に「しずがく」と読める立方体になるように、文字を書き入れなさい。
ただし、向きも考えること。

例

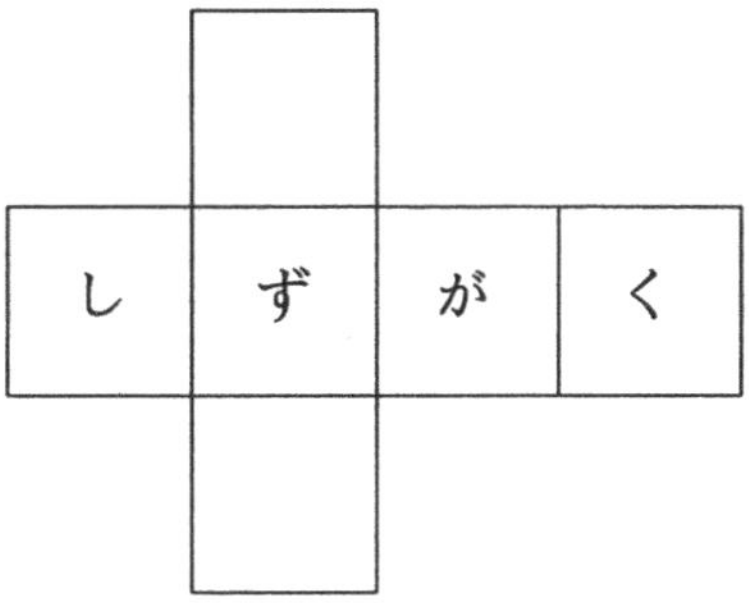

見取図

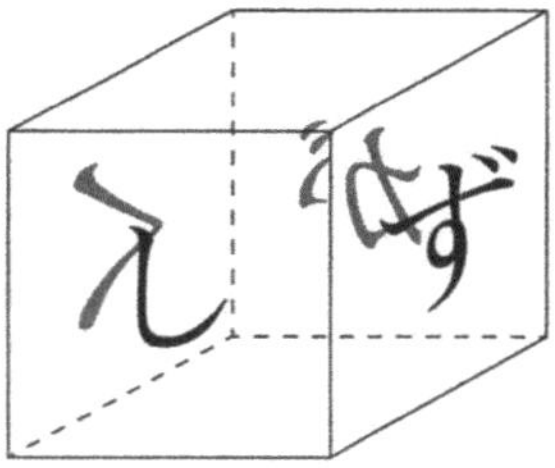

(1)

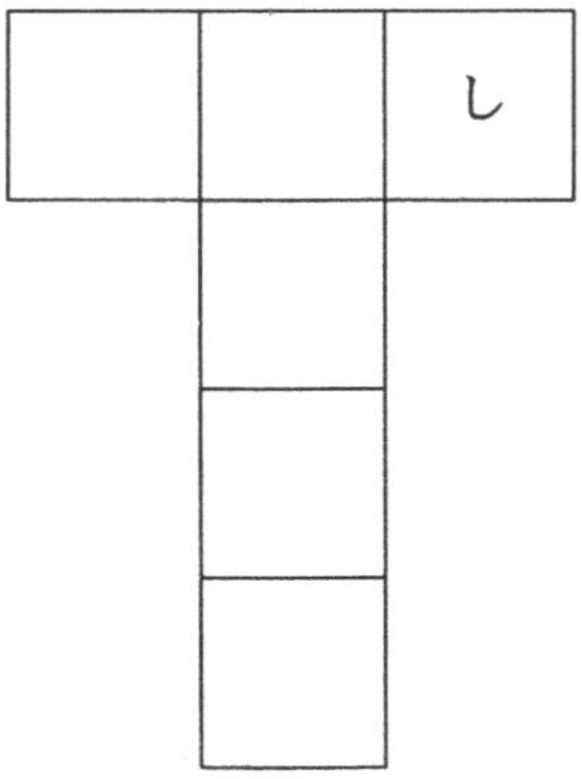

(2)

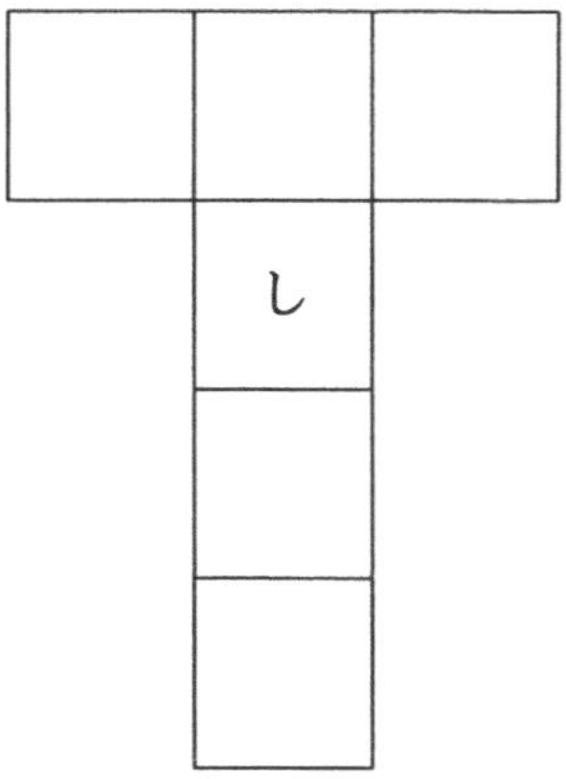

【問題はこれで終わりです。】

9 次の問いに答えなさい。

(1) 下の図は、同じ形の三角定規を２枚使ってできた図形です。
(ア)の長さを求めなさい。

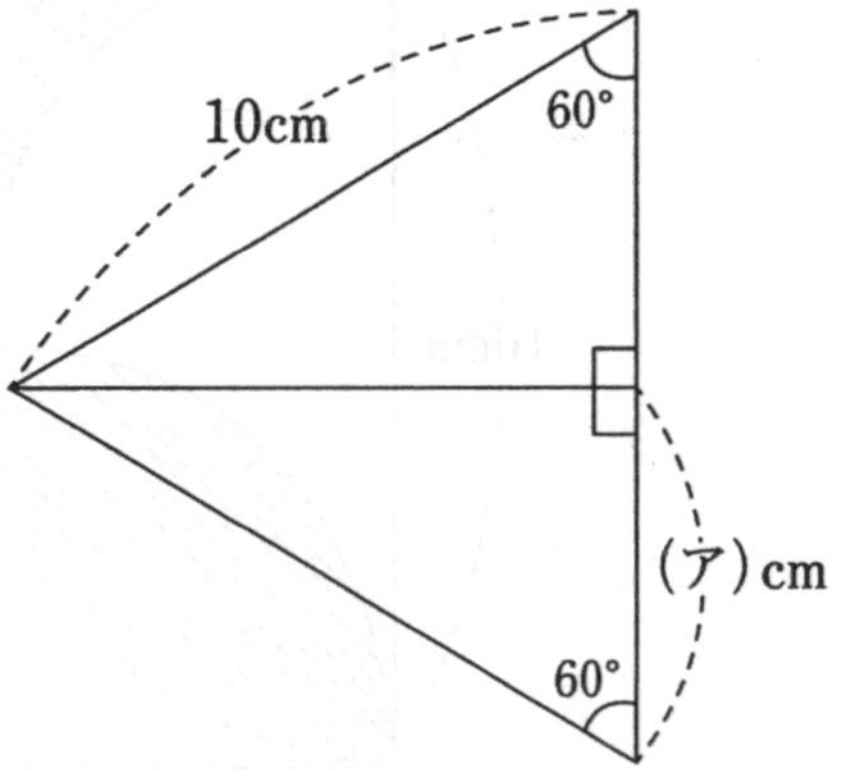

(2) 下の図の三角形ABCは、直角二等辺三角形です。また、三角形BCDは、辺BCの長さと辺BDの長さがともに10cmである二等辺三角形です。このとき角(イ)の角度を求めなさい。ただし、直線ウと直線エは、平行です。

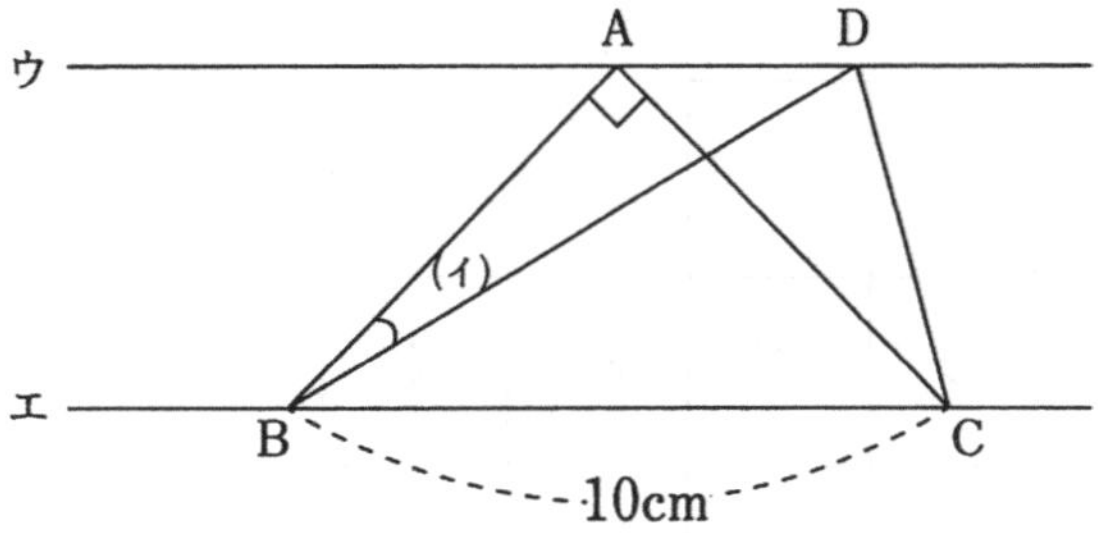

(3) 下の図は、正十二角形です。この図形の面積を求めなさい。

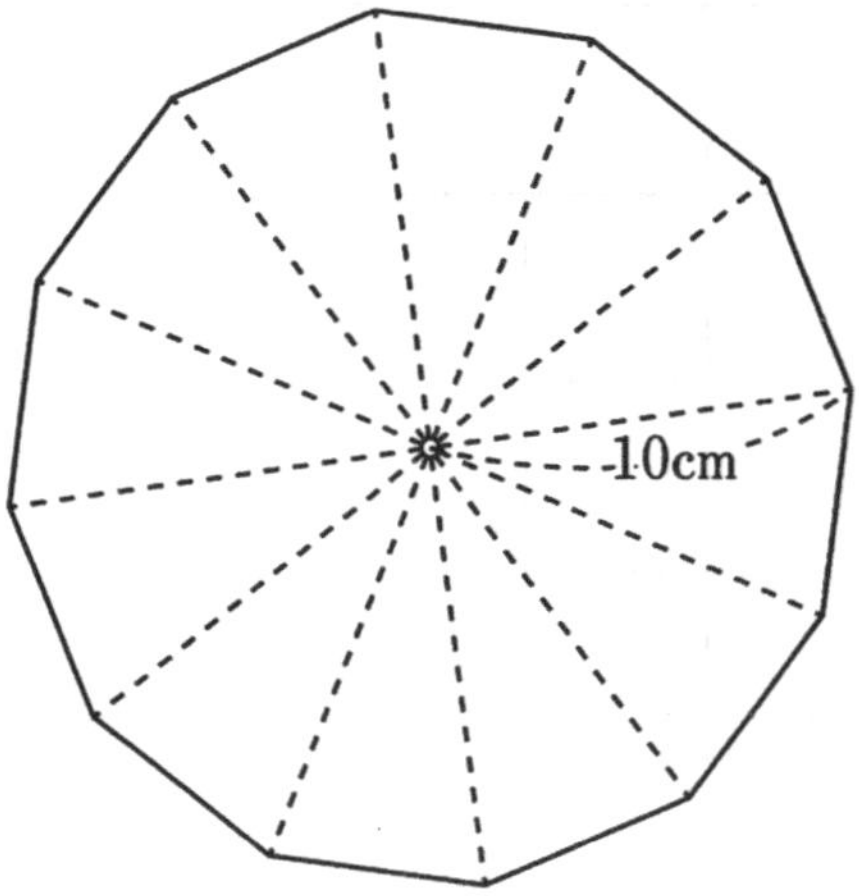

7　2から7までのカードが2枚ずつあります。

2　2　3　3　4　4　5　5　6　6　7　7

このカードの中から2枚を使って、2けたの整数を作ります。このとき、次の問いに答えなさい。

(1)　整数は全部で何個できますか。

(2)　できた整数の中で、10番目に大きい整数はいくつですか。

(3)　できた整数全ての和を求めなさい。

8　正方形とはどのような四角形か説明してください。ただし、ほかの四角形と間違われないように説明をしてください。答は下の文章の形になるように［　　　　］の部分を書いてください。

正方形は［　　　　　　　　　　］四角形です。

6 たくさんのノートがあります。これらのノート何冊かをまとめてセットをつくります。さらに何セットかをまとめて箱に入れていきます。

たとえば、ノート10冊で１セット、それが10セット集まったら、１つの箱にいれるとします。もし145冊ノートがある場合は、１箱と4セット、あまり5冊になります。

下の(1)から(3)の □ に当てはまる数を入れなさい。
ただし､箱やセットが出来る場合には必ずそれをつくることとします。

(1) ノート10冊で１セット、それが10セット集まったら、１つの箱にいれるとします。
ノートが2022冊あった場合、□箱と□セット、あまり□冊です。

(2) ノート６冊で１セット、それが６セット集まったら、１つの箱にいれるとします。
３箱と４セット、あまり５冊になるのは、ノートが□冊のときです。

(3) ノート12冊で１セット、それが12セット集まったら、１つの箱にいれるとします。
ノートが2022冊あった場合、□箱と□セット、あまり□冊です。

三

問二

ときから。

問三

問四

問五

問六

問七

四

問一

問二

問三

問四

問五

問六

について、どうでもいいはずなのにと思っている。

20

①

②

小　計	小　計	小　計

令和４年度 算数 前期A 解答用紙

（配点非公表）

受験番号	氏　　　名	小　学　校　名
		小学校

1	（1）	（2）	（3）	（4）

2	（1）	（2）①	（2）②

3	（1）	（2）	（3）

4	（1）①	（1）②	（2）③	（2）④	（2）⑤	（3）⑥

5	（1）	（2）①	（2）②	（3）	（4）
	（5）	（6）			

小　計

【解答】

6	箱	セット	冊	冊	箱	セット	冊

7	(1)	(2)	(3)
	個		

小　　計

8	正方形は　　　　　　　　四角形です。

9	(1)	(2)	(3)
	cm	度	cm^2

10	cm^2

11

(1)

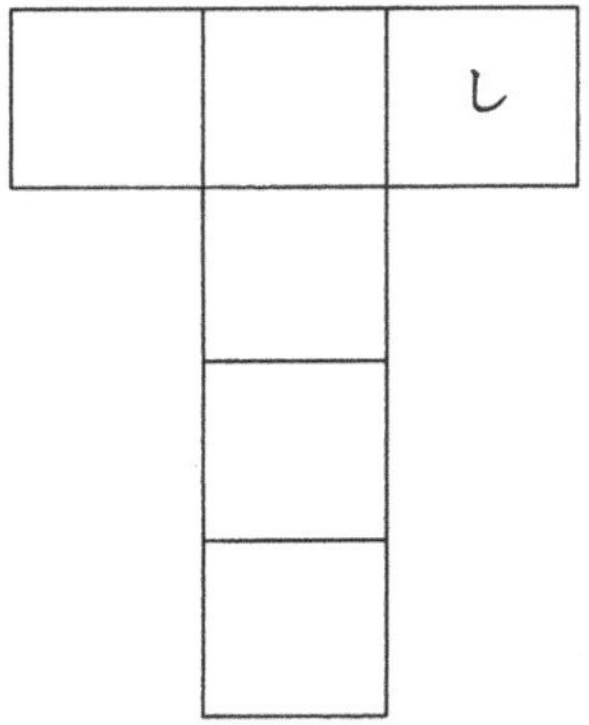

(2)

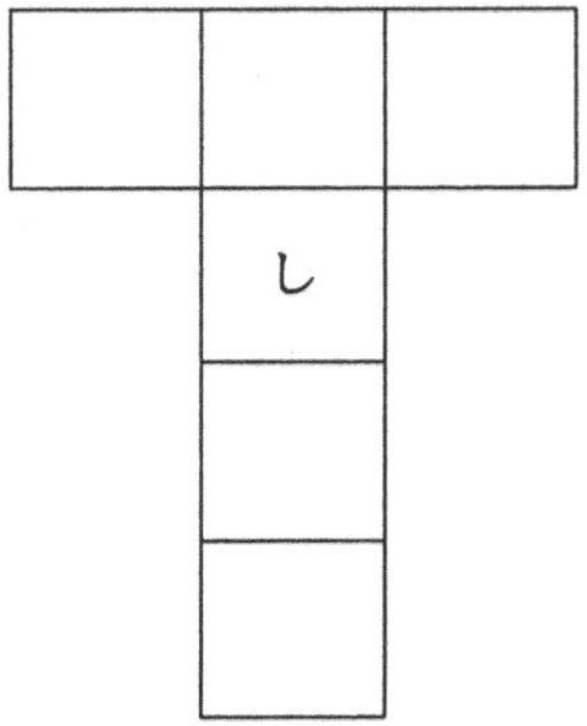

小　　計

2022(R4) 静岡学園中
K 教英出版

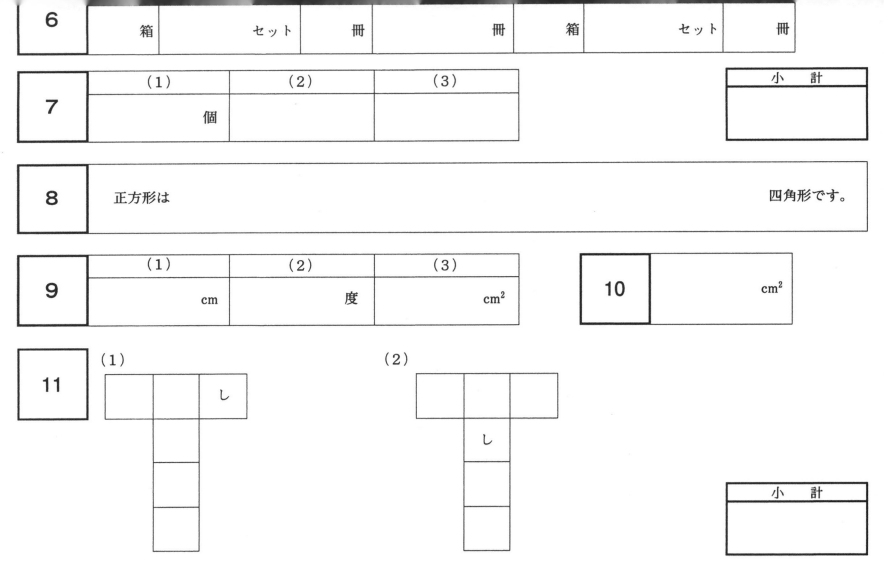

令和4年度 国語 前期A 解答用紙

受験番号

氏名

小学校名　小学校

（配点非公表）

一

問一 ①

②

問二

問三 ①

②

問四

問五

問六

問七 ①

②

小計

二

問一

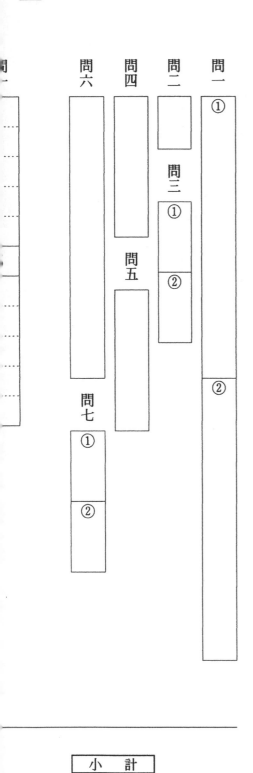

5 次の□の中に当てはまる数字を答えなさい。

(1) 子どもが99人１列に並んでいます。前から数えて40番目の子どもは、後ろから数えると□番目になります。

(2) テープが14.8mあります。1.3mのテープで花かざりを１個作ります。花かざりは ① 個できて、テープは ② m余ります。ただし、花かざりは、できるだけたくさん作ることとします。

(3) ある数を49で割ったら、商が25で、余りが15でした。ある数は□です。

(4) 5dLは、□mLと等しい。

(5) ガソリン60Lで、480km走る自動車は、ガソリン40Lでは、□km走ります。

(6) 定価が900円のグラスを、定価の□割の630円で買いました。

4 次の□にあてはまることばを選び、記号で答えなさい。

(1) 長さが4.8mで、重さが1.2kgのはり金があります。

4.8÷1.2を計算すると、①が求められます。

1.2÷4.8を計算すると、②が求められます。

ア　1m あたりの重さ　　イ　1kgあたりの長さ

(2) 次のア～ウを速い順に並べると③、④、⑤です。

ア　時速42km　　イ　分速720m　　ウ　秒速1300cm

(3) 円周を円周率で割ると、⑥が求められます

ア　半径　　イ　直径

2 次の式が成り立つように、□の中に当てはまる数字を入れなさい。

(1)　19×100＝19×99＋□

(2)　335×5.1＋335×4.9＝335×□①＝□②

3 次の□の中に当てはまる等号または不等号を入れなさい。
ただし、等号は　＝　、不等号は　＜　または　＞　のことです。

例　15　□＜　16

(1)　(100を10000個集めた数)□(10000を100個集めた数)

(2)　1.2345÷0.9□1.2345

(3)　(2:3の比の値)□(3:2の比の値)

1 次の計算をしなさい。

(1) 4.36×8.5

(2) $8\frac{5}{9}\times\frac{2}{7}$

(3) $8\frac{5}{9}\div3\frac{2}{3}$

(4) $6\div(2\div3)$

令和４年度

算数

前期Ａ

（50分）

注意事項

1 「はじめ」の合図があるまで、この問題を開けてはいけません。
2 問題は全部で8ページあり、解答用紙はこの問題にはさみ込んであります。
3 ページの脱落や印刷不鮮明な箇所がある場合は、申し出なさい。
4 解答用紙には、**受験番号・氏名・小学校名**を必ず記入しなさい。
5 解答は、すべて解答用紙に記入しなさい。

「今日、ミカはおらんの？」

「ミカは、空手の練習に行ったんや」

ミカのバカ。お姉ちゃんの引越《ひっこ》しの日ぐらい、練習を休んだっていいのに。それなのに、練習はぜったいに休めないだとか言って、道場へ行ってしまった。

「……休めって言ってんけど、今日は休まれへんって。ミカも残念そうやった」

ぼくがそう言うと、お姉ちゃんはちょっと笑った。②ウソをついたのがばれたのかな。何だか③お姉ちゃんがかわいそうに思えたから、急についてしまったことだ。本当は、あんまり残念そうじゃなかった。

「あいつ、ほんまにアホやわ」

「まあ、ええやん。別に会えへんようになるわけとちがうやろ」

「そうやけど」

ぼくは言った。「でもアホや」

「ミカに言っといてな。会われへんで残念やったけど、お姉ちゃん、怒《おこ》ってへんかったって。あと、練習がんばりやとも言っといて」

「わかった」

「ほんなら、お姉ちゃん行くから」

お姉ちゃんは、大きなかばんから立ち上がると、それを肩《かた》にかけた。隣《とな》りに並ぶと、いつのまにかぼくは、お姉ちゃんとそんなに身長も変わらなくなっている。

「ユウスケ、身長伸《の》びたなあ」

「荷物、途中《とちゅう》まで持ったろか?」

「かまへんねん。しんどなったら、途中のコンビニで宅急便にして送るんや」

「また遊びに行ってええ?」

「うん、おいで。ミカとも仲よお。お父さんとも仲よお」

「うん」

ぼくは言った。そしてお姉ちゃんは、④半分楽しそうに、半分悲しそうにドアを開けて出ていってしまった。

本当は、お姉ちゃんが部屋から出ていく前に、ぼくは何て言いたかったんだろう? やっぱり行かないで、ここで暮らそうよって言いたかったのかも。それとも、やっぱり荷物は持ってやるって言いたかったのかも。どっちだかわからないけど、とにかく何か言い足りないことがあるような気がしてならなかった。どうせまた会えるって知っているんだけど、それでも何か言い足りないような気がしてならなかった。

一人になったぼくは応接間のソファーに飛び込《こ》んだ。ボヨンボヨンとはねるのが終わったあとで、顔をソファーに押《お》し付けて、そこに息を吐《は》いた。⑤すごく熱い息だった。どうして、お姉ちゃんとこれでもう会えないような気がするんだろう。不思議だ。どうせ家にいたときだって、ほとんどしゃべってもいなかったのにな。それなら、別に⑥どうでもいいはずなのにさ。

……しばらくソファーの上で寝《ね》転がっているうちに、ぼくは眠《ねむ》ってしまったらしい。コウジが部屋のインターホンを押さなかったら、きっと夜までずっと眠っていたはずだ。あぶないあぶない。

(伊藤たかみ『ミカ!』文春文庫刊より)

問一　――線部①「用事があった」とあるが、それはどんな用事か。文章中から十字以内で抜き出しなさい。

問二　――線部②「ウソをついた」とあるが、それはどの部分か。文章中から十字で抜き出しなさい。

問三　――線部③「お姉ちゃんがかわいそうに思えた」のはなぜか。その理由として最も適当なものを次の中から選び、記号で答えなさい。

ア　大切にしていたベッドが大きすぎて運べないから。
イ　家を出るのに、荷物は大きなかばんだけだから。
ウ　家を出るのに、見送るのが自分だけだったから。
エ　新生活では、ミカやユウスケと離れて暮らすから。

問四　――線部④「半分楽しそうに、半分悲しそうに」とあるが、それはなぜか。その理由として最も適当なものを次の中から選び、記号で答えなさい。

ア　ユウスケが荷物を持ってくれることを期待していたが、実際には持ってもらえないから。
イ　ユウスケが遊びにくることを期待しつつ、実際にはもう二度と会えないはずだから。

ウ　新しい生活が待っているが、ユウスケたちと暮らしたい思いも残っているから。
エ　新しい暮らしは楽しみだが、ミカやユウスケを悲しませると思っているから。

問五　――線部⑤「すごく熱い息だった」とあるが、息が熱かったのはなぜか。その理由として最も適当なものを次の中から選び、記号で答えなさい。

ア　まだ夕方なのに、なぜかとても眠くなっていたから。
イ　あまりしゃべったことのない姉と珍《めずら》しく話して興奮していたから。
ウ　姉とはもう会えないような気がしてとても悲しかったから。
エ　姉には何か言いたかった気がしていたが、何も言えなかったから。

問六　――線部⑥「どうでもいいはずなのに」とあるが、誰《だれ》が、何について思っているのか。「〜について、どうでもいいはずなのにと思っている。」に続く形で二十字程度で説明しなさい。

四　**静さんと学さんがお茶の飲用頻度《ひんど》（お茶を飲む機会が多いか少ないか）について話をしている。次の会話文を読んで、後の問いに答えなさい。**

静　各家庭での茶葉やティーバッグの消費量が減ってきている、という話を聞くよね。

学　そういえば、祖父母は茶葉を使って毎回お茶を入れるけれど、両親はペットボトルのお茶を買ってくることが多かったな。けれども、最近はそうでもないよ。茶葉を使ってお茶を入れることが増えた気がする。

静　もしかして、新型コロナウイルス感染症の流行が関係しているのかな。Ａのグラフを見て。十八歳以上の人千人に、茶葉を使ってお茶を飲む頻度の変化を聞いた結果だよ。

学　へえ、これを見ると、□がわかるよね。

静　Ｂの表はＡで「とても増えた」「少し増えた」と回答した人にその理由を聞いた結果だよ。

学　茶葉を使ってお茶を入れるようになった理由は、お茶の健康を保つ効果を期待したことや、自宅で過ごす時間が増えたことなんだね。あーあ、お茶の話をしていたら、お茶が飲みたくなっちゃったな。

静　学さんはお茶が好きだもんね。そうだ、今度うちの茶園のお茶をごちそうするよ。

学　わあ、ありがとう。楽しみだなあ。

A

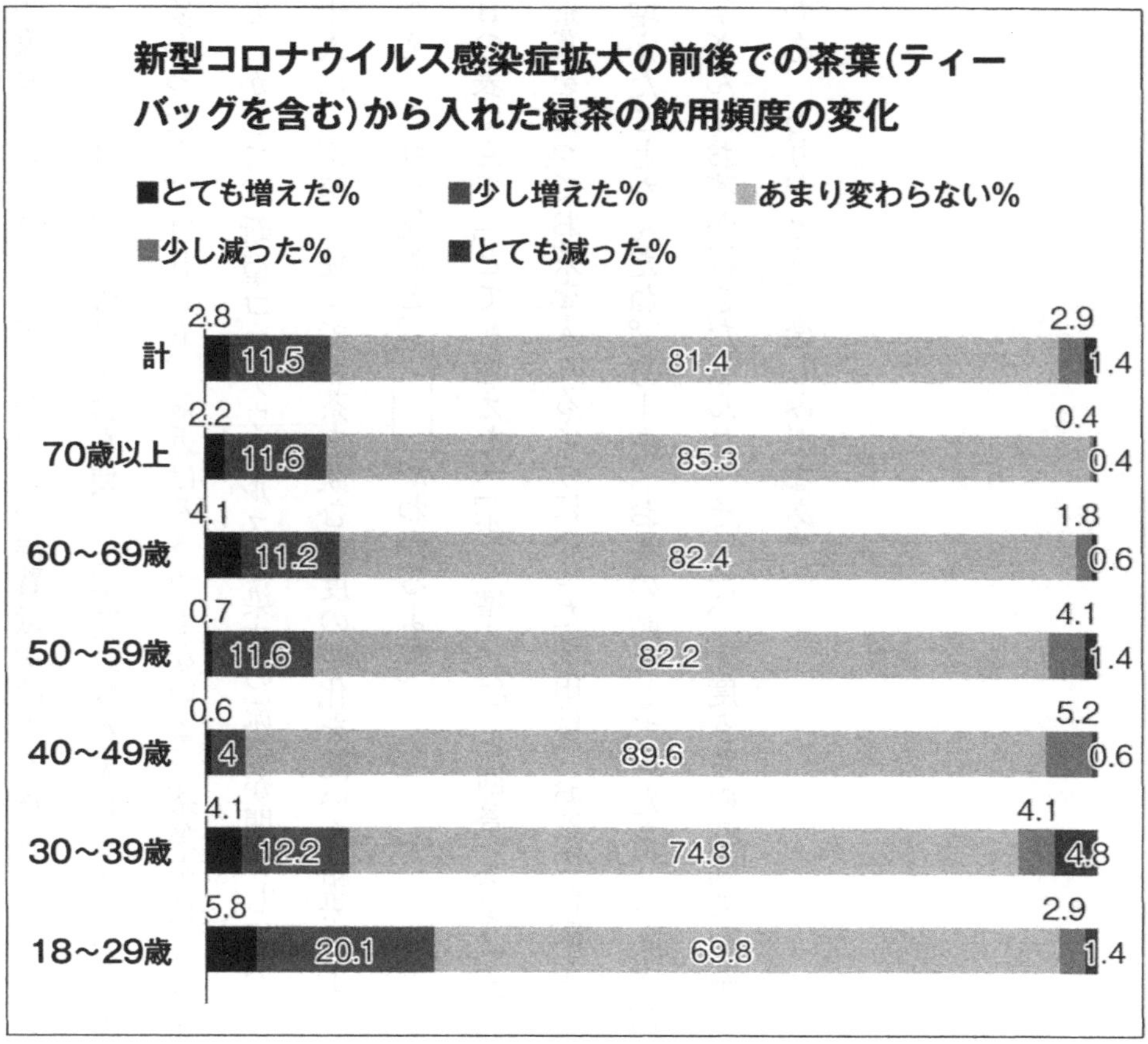

B

新型コロナウイルス感染症拡大の前後で茶葉から入れた緑茶の飲用頻度が増えた理由(複数回答)

区　分	健康機能性に魅《み》力《りょく》を感じたから	自宅で食事する時間が増えたから	自宅でくつろぐ時間が増えたから	家族と過ごす時間が増えたから	回答者数(人)
18 ～ 29 歳	44.4%	66.7%	47.2%	22.2%	36
30 ～ 39 歳	25%	62.5%	66.7%	37.5%	24
40 ～ 49 歳	62.5%	62.5%	75%	62.5%	8
50 ～ 59 歳	22.2%	72.2%	66.7%	22.2%	18
60 ～ 69 歳	42.3%	53.8%	69.2%	34.6%	26
70 歳 以 上	45.2%	51.6%	54.8%	38.7%	31
計	39.2%	60.8%	60.1%	32.9%	143

令和２年度「緑茶の飲用に関する意識･意向調査結果」（農林水産省）をもとに作成

問一　会話文の□に入る最も適当なものを次の中から選び、記号で答えなさい。

ア　若い世代ほど、茶葉から入れた緑茶を飲む人が増えていること

イ　ほとんどの人が茶葉から入れた緑茶を飲む頻度が増えたと答えていること

ウ　四十代を除く全ての世代で、緑茶を飲む頻度が増えたと答えた人が一割以上いたこと

エ　十八歳《さい》～二十九歳までの人の二十五％以上が、茶葉から入れた緑茶の良さに気づいたこと

問二　表Bからわかることの説明として最も適当なものを次の中から選び、記号で答えなさい。

ア　十八歳～二十九歳は、健康を保つお茶の効果を期待したからと答えた回答が最も多かった。

イ　自宅でくつろぐ時間が増えたからという答えの割合が最も高かったのは、六十代である。

ウ　十代～二十歳は一人暮らしの人も多いので、家族と過ごす時間を理由にあげた割合が低かった。

エ　すべての年代で、二人に一人以上が、自宅で食事をする時間が増えたことを理由にあげている。

（問題は以上です。）

令和三年度　国語問題用紙　前期A

静岡学園中学校

（50分）

※文字数を指定している問題は全て、句読点も一文字に数えます。

【一】次の問いに答えなさい。

問一　次の漢字の部首の名前をひらがなで答えなさい。

①庫　②領

問二　次の漢字の太い部分は何画目か、漢数字で答えなさい。

乗

問三　次の熟語①、②の読みは、ア～エのうちどの組み合わせになっていますか。後の中から一つ選び、記号で答えなさい。

①追加　②心得

ア　音と音　イ　訓と訓　ウ　音と訓　エ　訓と音

問四　次の熟語の対義語を漢字二字で答えなさい。

自発

問五　次の熟語の類義語を漢字二字で答えなさい。

同意

問六　次のカタカナを漢字に直しなさい。

ホンマツテントウ

問七　次の熟語の構造を後の中から一つ選び、記号で答えなさい。

①高台　②永久

ア　反対の意味の漢字を重ねたもの。
イ　似た意味の漢字を重ねたもの。
ウ　上の漢字が下の漢字を説明するもの。
エ　上の漢字の下に目的語が来るもの。

【二】 次の文章は九時間にわたる講義のうち六時間目の内容です。この文章を読んで、後の問いに答えなさい。

生物はナンバーワンになれるオンリーワンのポジションを持っています。

誰《だれ》にも負けない自分の得意を存分《ぞんぶん》に活かして、自分の地位を確保しています。

激《はげ》しい競争が行われている自然界ですが、そんな中で、①生物はできるだけ「戦わない」という戦略を発達させています。

ナンバーワンになれるオンリーワンのポジションがあれば、そんなに戦わなくても良いのです。

とはいえ、現代社会を生きる私《わたし》たちは、常に競争にさらされています。

運動会でも順位を競います。学校の成績で順位もつけられます。

生き物たちのように「戦わない」戦略に徹《てっ》することはできません。

しかし、生き物たちの世界は、競争に敗れれば滅《ほろ》んでしまう厳《きび》しい世界です。②競争から逃《のが》れることはできないのです。厳しい競争社会とはいえ、私たちの世界は、敗れても命を奪《うば》われるようなことはありません。

先にも書いたように、人間の脳《のう》は、一定のものさしを設けて、順位をつけたり、比較《ひかく》しなければ理解することができません。

だから、そんな脳を持つ人間の世界では、競争がなくなることはありません。

「戦いたくない」と思っても、皆《みな》さんは常に競争と戦いの土俵《どひょう》に上げられてしまいます。それは仕方がないことです。

その土俵で努力しなければならないのも仕方のないことなのです。

しかし大切なことは、そんな競争がすべてではないということです。

競争に負けたからといって、あなたの価値《かち》が損なわれることはまったくありません。戦いに敗れたからといって、あなたが劣《おと》っているわけではありません。それは、あなたの能力が発揮《はっき》できない土俵だったというだけですし、その程度の土俵だったというだけです。

そんな競争に苦しむくらいだったら、土俵から降《お》りても構いませんし、逃《に》げ出しても構いません。

四時間目にお話しした「ニッチ」の話を覚えていますか。

ニッチとはナンバーワンになれるオンリーワンのポジションのことでした。誰かが用意してくれた競争の場が、あなたにとってニッチであることは稀《まれ》です。大切なことは、どこで勝負するかです。

そのニッチで勝負することができれば、それ以外の場所では、全部負けてしまってもいいのです。

古代中国の思想家・孫子という人は「戦わずして勝つ」と言いました。

孫子だけでなく、歴史上の偉人《いじん》たちは「できるだけ戦わない」という戦略にたどりついているのです。

偉人たちは、どうやってこの境地にたどりついたのでしょうか。

おそらく彼《かれ》らはいっぱい戦ったのです。そして、いっぱい負けたのです。

勝者と敗者がいたとき、敗者はつらい思いをします。どうして負けてしまったのだろうと考えます。どうやったら勝てるのだろうと考えます。

彼らは傷《きず》つき、苦しんだのです。

そして、ナンバーワンになれるオンリーワンのポジションを見つけたのです。

そんなふうに「戦わない戦略」に③たどりついたのです。

生物も、「戦わない戦略」を基本戦略としています。

自然界では、激しい生存《せいぞん》競争が繰《く》り広げられます。生物の進化の中で、生物たちは戦い続けました。そして、各々の生物たちは、進化の歴史の中でナンバーワンになれるオンリーワンのポジションを見出しました。そして、「できるだけ戦わない」という境地と地位にたどりついたのです。

ナンバーワンになれるオンリーワンのポジションを見つけるためには、若《わか》い皆さんは戦ってもいいのです。そして、④負けてもいいのです。

たくさんのチャレンジをしていけば、たくさんの勝てない場所が見つかります。こうしてナンバーワンになれない場所を

見つけていくことが、最後にはナンバーワンになれる場所を絞《しぼ》り込《こ》んでいくことになるのです。

ナンバーワンになれるオンリーワンのポジションを見つけるために、負けるということです。

学校では、たくさんの科目を学びます。得意な科目も、苦手な科目もあることでしょう。得意な科目の中に苦手な単元があるかもしれませんし、苦手科目だからと言ってすべてが苦手なわけではなく、中には得意な単元が見つかるかもしれません。学校でさまざまなことを勉強するのは、多くのことにチャレンジするためでもあるのです。

苦手なところで勝負する必要はありません。嫌《いや》なら逃げてもいいのです。

しかし、⑤無限の可能性のある若い皆さんは、簡単《かんたん》に苦手だと判断しないほうが良いかもしれません。

ペンギンは地面の上を歩くのは苦手です。しかし、水の中に入れば、まるで魚のように自由自在に泳ぎ回ります。アザラシやカバも、地上ではのろまなイメージがありますが、水の中では生き生きと泳ぎ始めます。まだ進化することなく、地上生活をしていた彼らの祖先たちは、まさか自分たちが水の中が得意だとは思いもよらなかったでしょうし、さらに自分たちの祖先が水中生活を得意としていたとは思わなかったことでしょう。

リスは、木をすばやく駆《か》け上がります。しかし、リスの仲間のモモンガは、リスに比べると木登りが上手とは言えません。ゆっくりゆっくりと上がっていきます。しかし、モモンガは、木の上から見事に滑空《かっくう》することができます。木に登ることをあきらめてしまっては、空を飛べることに気がつかなかったかもしれません。

⑥人間でも同じです。

サッカーには、ボールを地面に落とさないように足でコントロールするリフティングという基礎《きそ》練習があります。しかし、プロのサッカー選手でもリフティングが苦手だったという人もいます。リフティングだけで苦手と判断しサッカーをやめていたら、強力なシュートを打つ能力は開花しなかったかもしれません。

小学校では、算数は計算問題が主です。しかし、中学や高校で習う数学は、難しいパズルを解くような面白さもあります。大学に行って数学を勉強すると、抽象的《ちゅうしょうてき》だったり、この世に存在しえないような世界を、数字で表現し始めます。もはや哲学《てつがく》のようです。計算問題が面倒《めんどう》くさいというだけで、「苦手」と決めつけてしまうと、⑦数学の本当の面白さに出会うことはないかもしれません。

勉強は得意なことを探《さが》すことでもあります。苦手なことを無理してやる必要はありません。最後は、得意なところで勝負すればいいのです。しかし、得意なことを探すためには、すぐに苦手と決めて捨《す》ててしまわないことが大切なのです。

（稲垣栄洋『はずれ者が進化をつくる／生き物をめぐる個性の秘密』ちくまプリマー新書より）

問一　――線部①「生物はできるだけ『戦わない』」と言っていますが、どうして戦わなくても良いのですか。最も正しいものを次の中から選び、記号で答えなさい。

ア　誰にも負けない得意分野を活かして自分の地位を確保しているから。

イ　競争に敗れてしまうと自分が滅んでしまうような厳しい世界だから。

ウ　常に競争にさらされていて、競争からは逃れられない世界だから。

エ　厳しい競争に敗れても自分の命を奪われるようなことはないから。

問二　――線部②で、私たち人間は「競争から逃れることはできない」と言っていますが、それはなぜですか。解答用紙の「～から。」という言葉に続く形で、本文の中の言葉を使って二十文字以内で説明しなさい。

問三　――線部③「たどりついた」について、どのようなことの結果として「たどりついた」と言っていますか。本文の中から七文字で抜《ぬ》き出しなさい。

問四　――線部④「負けてもいいのです」と言っていますが、その理由を、解答用紙の「～ことができるから。」という言葉に続く形で、本文の中から二十五文字以上三十文字以内で抜き出し、最初と最後の三文字を答えなさい。

問五　――線部⑤「無限の可能性のある若い皆さんは、簡単に苦手だと判断しないほうが良いかもしれません」と言っていますが、その理由を、本文の中から十文字で抜き出しなさい。

問六　――線部⑥「人間でも同じです」と言っていますが、具体例として挙げられている生き物の名前を全て答えなさい。

問七　――線部⑦「数学の本当の面白さ」とはどんなものだと言っていますか。次の中から、当てはまらないものを全て選び、記号で答えなさい。

ア　計算問題
イ　難しいパズルを解くような問題
ウ　抽象的な世界を数字で表現する問題
エ　この世に存在しえないような世界を数字で表現する問題
オ　哲学のような問題

【三】次の文章を読んで、後の問いに答えなさい。

遼介《りょうすけ》が家に帰ると、狭《せま》い廊下《ろうか》で綾子《あやこ》が電話をかけていた。口調から相手がだれなのか、すぐに知れた。風呂場《ふろば》に行こうとすると、予想通り手招きをされ受話器を渡《わた》された。

「元気にしてるか?」

久しぶりに聞く出張中の父親の声だった。

「調子はどうだ?」

「まあまあかな」

「来週は全日本の予選で、キッカーズとやるんだってな」

「うん」

「初めての対戦だろ?」

「そうだね」

「強い相手なんだろうけど、がんばれよ」

「うん」

①しばらく間があったあと「キャプテンじゃなくなったって、母さんから聞いたよ」と言われた。

「うん」

「ショック大きいか?」

②遼介は黙《だま》っていた。妹の由佳《ゆか》が、テレビのアニメを観て笑っている声が居間から漏《も》れてきた。

「四年、五年とキャプテンだったからな……」

③遼介は言葉をやり過ごした。

少しの間、沈黙《ちんもく》したあとで、思い出したように父が言った。「昔、おまえに父さんがサッカー部のキャプテンになった話をしただろ」

「うん」

「実はさ、あれには、続きがあるんだ……」

「続き？」

「そうだ」

「ねえ、こんなに長く話をしていて大丈夫《だいじょうぶ》なの？　話は帰ったときに聞くよ」

遼介は少し面倒《めんどう》くさくなって言った。

「大丈夫、気にするな……。実は、父さんが高校のサッカー部のキャプテンだったのは、少しの間だけだったんだ。三年生が卒業して、それからしばらくすると、キャプテンをクビになってしまったんだよ。辞めさせられたんだ」

「えっ？」

初めて聞く話だった。

「先輩《せんぱい》たちがいなくなると、サッカー部の④一部の選手たちが、先輩が選んだキャプテンなんておかしいと言い出して、それで自分たちで決めなおそうという話になったんだ。たぶん、高校からサッカーを始めた人間をキャプテンにするなんて、認《みと》めたくなかったのだと思う。先輩たちと折り合いが悪く、練習をさぼっていたやつらが戻《もど》ってきてね。それで、もう一度、現役の部員で投票して決めなおすことになった。キャプテンに選ばれたのは、サッカーでは名門の中学校出身の一番うまい永井というやつだった。それで、父さんは副キャプテンになったんだ」

「それって、本当の話？」

「本当だよ。結局父さんに⑤人望がなかったってことだけどな。でも、キャプテンになった永井という男は、父さんのことをとても尊重《そんちょう》してくれた。だからふたりでチームを引っ張っていった。実力はあるが練習に来ないような連中は、ふたりで試合に出さないことに決めたんだ」

遼介は半信半疑《はんしんはんぎ》で聞いていた。自分を慰《なぐさ》めるための作り話かと最初は思った。

「高校時代のシーズン、自分たちの最後の試合でボロ負けしたあと、永井とふたりで水飲み場へ歩いて行ったんだ。『終わっちゃったな』と父さんが言ったら、水飲み場にたどり着く途中《とちゅう》で、永井が急に声を出して泣きだしたんだ。あのときのことは、今でもよく覚えているよ。一度も涙《なみだ》を見せたことのない芯《しん》の強いキャプテンだったのに驚《おどろ》いた。でも、父さんは一緒《いっしょ》には泣けなかった。泣けるほど、そのとき自分は、サッカーに打ち込《こ》んでいなかったのだと思う。だから、永井がキャプテンをやって、よかったんだと思うよ……」

咳払《せきばら》いをしたあと、再び父は話し始めた。「でもね、父さんはあのチームで、自分もキャプテンだったような気がしてるんだ。チームを引っ張っていたと、今でも自分は思っている……」

父はしばらく沈黙《ちんもく》した。

なんで今さらと、遼介は思った。でも、そんなことは、どうでもいいことのような気がした。

「おまえは、今までキャプテンとしてチームのためにがんばってきた。そのことは、みんな知っているはずだ。だから、今度は自分のためにがんばってみろよ……」

「……うん」

「なんだか、父さんの思い出話を聞かせちまったな」
⑥遼介は首を横に振《ふ》っていた。
「がんばれよ」

そう言うと父は電話を切ろうとした。

「父さん、あのスパイクの話も嘘《うそ》だったの？」

「スパイク？」

「キャプテンがくれたスパイクの話」

父は笑いながら言った。「前の学年のキャプテンから、泥《どろ》だらけのスパイクをもらったことは、本当の話だ。それは今でも誇《ほこ》りに思っているよ」

「そうなんだ……」

「遼介、サッカーはとても激《はげ》しいスポーツだ。でもな、グラウンドに立ったら、冷静に戦えよ。応援《おうえん》しているからな……」

父は電話を切った。電話での父はいつもいいことを言う。それに、やさしかった。なぜだか鼻の奥《おく》が熱くなった。遼介は

⑦綾子に顔を見られないように風呂場へ向かった。
サッカー選手の夢は捨《す》てていない。
もっとうまくなりたい。
その気持ちは今も変わらない。
でも今の自分は、昔のようにサッカーを楽しむことができていない。どうしてだろう。
どうして、そうなってしまったのだろう。遼介は湯船に勢いよく入ると、お湯の中に頭のてっぺんまで浸《つ》かった。

（はらだみずき『サッカーボーイズ／再会のグラウンド』ＫＡＤＯＫＡＷＡより）

問一　——線部①「しばらく間があった」について、それはなぜですか。最も正しいものを次の中から選び、記号で答えなさい。

ア　次の試合の話題の後、遼介の気分を害する話題に触《ふ》れるかどうか迷ったから。
イ　キャプテンではなくなった遼介をはげますべきか悩み、言葉を探していたから。
ウ　遼介が、サッカーを楽しむことができていないことに危機感《ききかん》を感じていたから。
エ　「うん」という返事の後、遼介が返事の言葉を探しているのを待っていたから。

問二　——線部②「遼介は黙っていた」③「遼介は言葉をやり過ごした」について、それはなぜですか。最も正しいものを次の中から選び、記号で答えなさい。

ア　遼介がキャプテンではなくなったことを、母が父に話してしまったことが不満だったから。
イ　遼介がキャプテンではなくなったのは、仲間からの信頼を失ったためだと悩んでいたから。
ウ　キャプテンではなくなったことは大きな問題だが、試合の前に思い出したくなかったから。
エ　キャプテンではなくなったのはどうでもいいことで、今さら触れたくない話題だったから。

問三　——線部④「一部の選手たち」について、別の言い方をしている部分を二十文字以上二十五文字以内で抜き出し、最初と最後の三文字を答えなさい。

問四　——線部⑤「人望がなかった」について、「一部の選手たち」の立場から別の言い方をしている部分を四十文字以内で抜き出し、最初と最後の五文字を答えなさい。

問五　——線部⑥「遼介は首を横に振っていた」について、このときの遼介の気持ちとして最も正しいものを次の中から選び、記号で答えなさい。

ア　父は、キャプテンへの意欲さえ失っている遼介の気持ちを理解できないと感じていた。
イ　父は、キャプテンを辞めて意欲もなくなった遼介の気持ちを理解できないと感じていた。
ウ　父の話は単なる思い出話でしかなく、今の遼介にとっては面倒で関係ないと感じていた。
エ　父の話は単なる思い出話ではなく、今の遼介をはげますためのいい話だと感じていた。

問六　——線部⑦「綾子に顔を見られないように」について、このときの遼介の気持ちとして最も正しいものを次の中から選び、記号で答えなさい。

ア　すでにキャプテンではなくなったことを父に知られたのは母のせいだと怒りを感じていたから。
イ　父の話を聞き、当時の父におよばない自分の無力さに気付き、くやしい気持ちが顔に出ていたから。
ウ　父の話を聞き、改めて自分自身のサッカーへの思いに気付き、泣きそうな顔をしていたから。
エ　父の話を聞き、改めてサッカーを楽しむことができていない自分にあせりを感じはじめたから。

【四】次に示した交通事故に関するグラフについて、太郎君と先生が会話しています。［　］の中にふさわしい言葉をそれぞれ選び、ア～エの記号で答えなさい。

太郎　一九七〇年頃《ころ》は交通事故で亡くなる人の数はずいぶん多くて、［①］もいたんですね。でも、二〇一七年頃には約四千人にまで減っています。
先生　そうだね。道路が整備されたり、シートベルトの着用が義務付けられたり、車そのものの安全性能が［②］ことで、亡くなる人の数は［③］以下に減ったことになるね。
太郎　ところで、交通事故の件数は一九七〇年頃から一度減ったのに、二〇〇〇年頃から二〇〇六年頃にかけて増えた時期があったんですね。
先生　第二次交通戦争と言われた時期だね。でもその後は年を追うごとに交通事故の件数も事故で亡くなる人の数も減っているので素直に喜ぶべきなんだろうね。
太郎　ただ、相変わらず交通事故のニュースを目にすることが多いので実感がないですね。
先生　そんなことはないよ。二〇〇五年に一〇〇万件近くあった交通事故は二〇一七年には五〇万件を割っているし、亡くなる人の数だって、［④］から約四千人に減っているんだから、ずいぶん良くなっているはずだよ。
太郎　なるほど、統計を見ることは大切ですね。

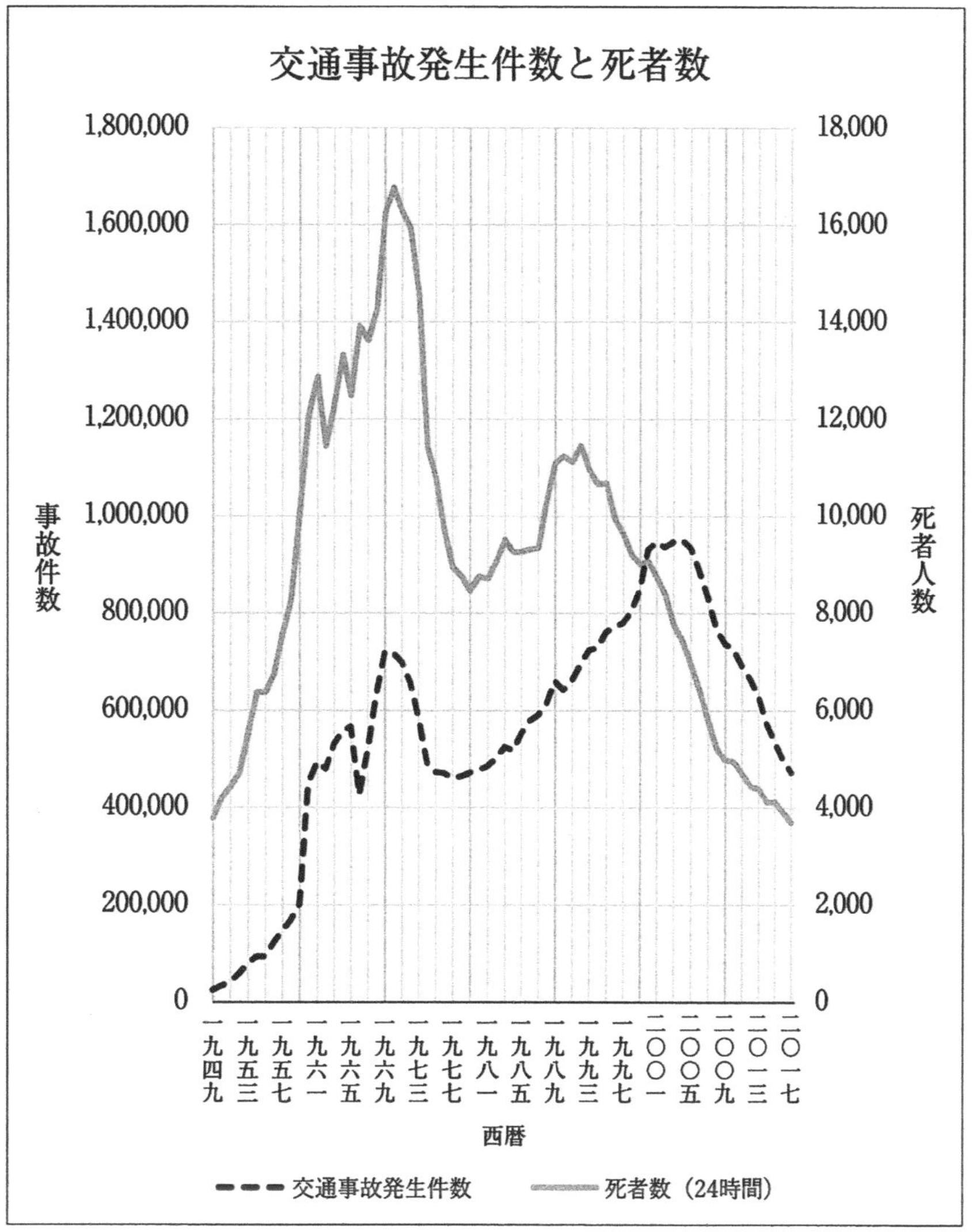

グラフは、交通事故発生件数及び死者数等の推移（昭和30～平成16年）（警察庁ウェブサイト）
https://www.npa.go.jp/hakusyo/h17/hakusho/h17/figindex.html
をもとに編集・加工したものである。

①　ア　約一七〇万人　イ　約七十万人　ウ　約一万七千人　エ　約千七百人
②　ア　低くなった　イ　変化した　ウ　高くなった　エ　高くなったりした
③　ア　三分の一　イ　四分の一　ウ　五分の一　エ　十分の一
④　ア　約五十万人　イ　約一万二千人　ウ　約九千人　エ　約七千人

令和3年度 **算　数**

(50分)

受験番号		氏名		合計	(配点非公表)

1 次の計算をしなさい。

(1)　$18-15\times\frac{4}{5}$

答

(2)　$7.36+1.7-2.27$

答

(3)　$21-\left(8+\frac{2}{3}\right)\div\frac{13}{6}$

答

(4)　$3.1\times2.9+4.11$

答

(5)　$24+(5-2)\div3-(6+3)\times2$

答

2 次の□にあてはまる数を入れなさい。

(1)　あるクラスで、お兄さん、お姉さんのいる人について調べました。お兄さんのいる人は12人、お姉さんのいる人は9人、どちらもいない人は18人です。このクラスの人数が36人のとき、お兄さんとお姉さんがどちらもいる人は□人います。

(2)　2358＝1000×□＋100×□＋10×□＋1×□

(3)　車輪の直径の長さが50cmの一輪車があります。この一輪車で100mを走るには、最低でも車輪を□回転させなければなりません。ただし、円周率は3.14として、整数で答えなさい。

(4)　面積が$12cm^2$のひし形があります。2本の対角線の長さの積は□です。

(5)　60以上70未満の素数を小さい順にすべて書くと□です。

(6)　全長が120mで時速90kmの速さで走る電車が、長さ1530mの鉄橋を渡《わた》り始めてから、渡《わた》り終わるまでにかかる時間は□分です。

3 1辺20cmの正方形の中に円がぴったりと入っています。さらにその中に正方形がぴったり入っています。黒く塗《ぬ》りつぶされた部分の面積を求めなさい。
ただし、円周率は3.14とし、解答欄《らん》には単位も書くこと。

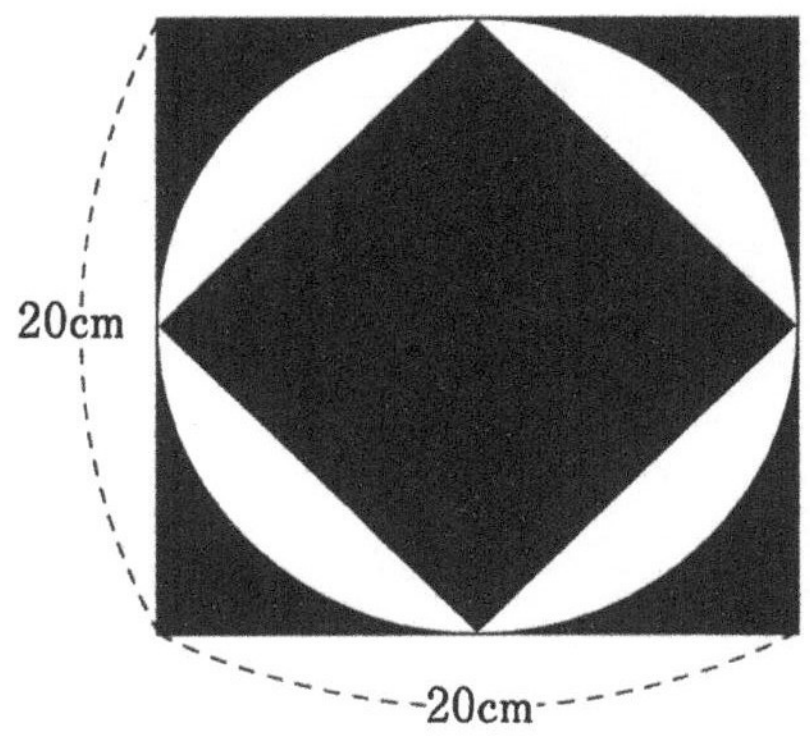

答

令和3年度　**算　数**

受験番号		氏名		合計	

4　下の図のように、レールの上を動くロボットが、かべから 30cm はなれた所にあります。このロボットにはリモコンがあり、リモコンには[A][B][C][D][スタート]の5つのボタンがあります。
それぞれのボタンは、
　ボタン[A]は「秒速 6cm で2秒間　前へ進む」
　ボタン[B]は「秒速 8cm で3秒間　前へ進む」
　ボタン[C]は「秒速 3cm で2秒間　後へ戻る」
　ボタン[D]は「その場所に3秒間　止まる」
という指令をロボットに伝えます。
たとえば、[B][D][A][D][C]の順にボタンを押して、最後に[スタート]ボタンを押すと、ロボットは「秒速 8cm で3秒間前へ進み、その場に3秒間止まり、秒速 6cm で2秒間前へ進み、その場に3秒間止まり、秒速 3cm で2秒間後へ戻る」というように動きます。

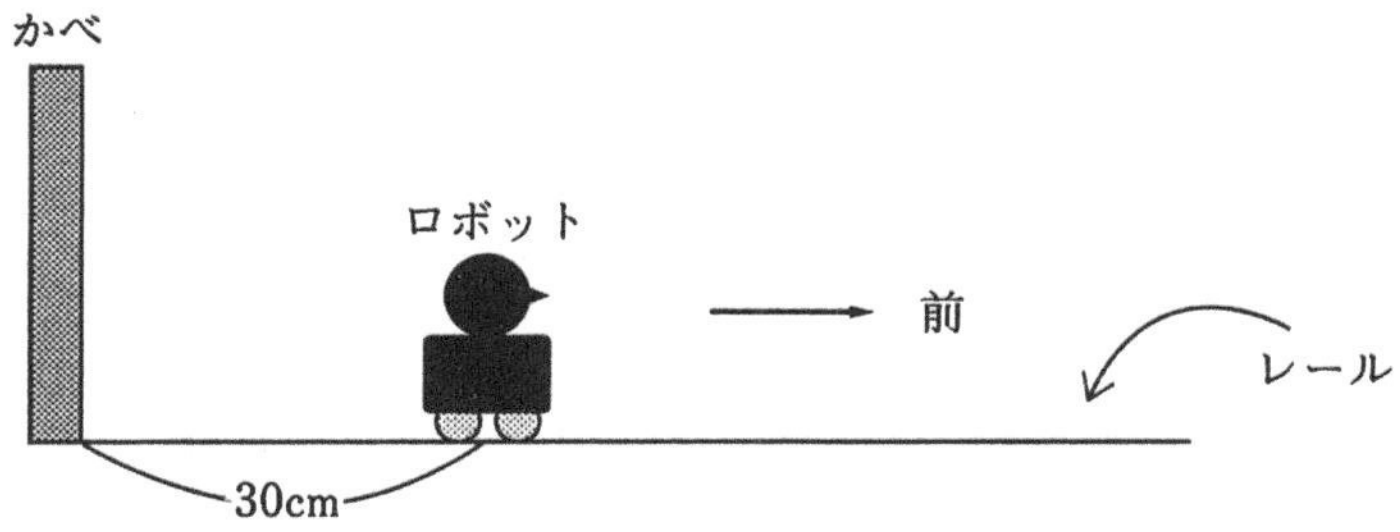

(1)　次のグラフは、ロボットが動き始めてからの時間(秒)を横軸《じく》、ロボットのかべからの距離(cm)を縦軸《じく》にしたときの変化のようすを表したものです。グラフのようになるのは、どのような順番でボタンを押したときですか。

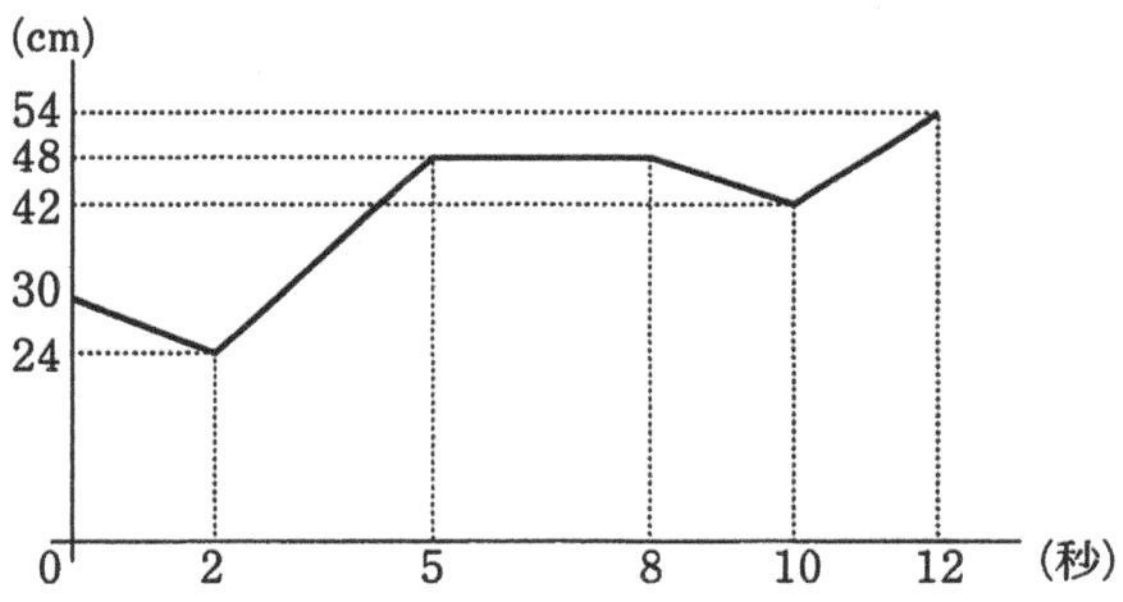

答　[　　][　　][　　][　　][　　][スタート]の順

(2)　ロボットをかべから 30cm の場所に置き、[B][D][C][A][C][スタート]の順にボタンを押したとき、ロボットはどのように動きますか。動くようすを(1)のグラフにならって、下のグラフ用紙にかきなさい。

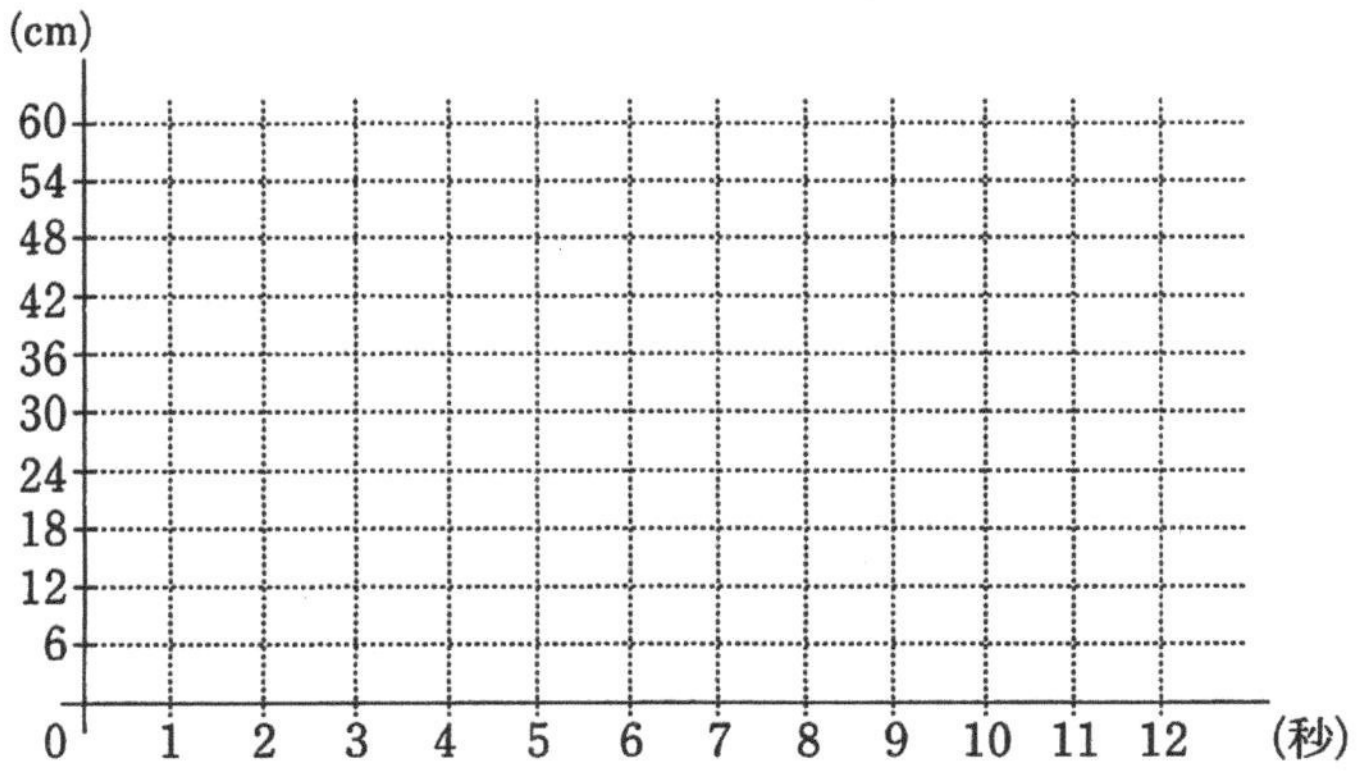

(3)　[スタート]ボタンを押してから次のようにロボットが動くようにします。
・動き始めてから最初に止まるのは9秒後
・動き始めてから最初に止まる場所はかべから 36cm の場所
どのような順にボタンを押せばよいですか。解答欄《らん》の[　]の中にA～Dを書きなさい。答えが1つではない場合は、ボタンを押す順番を1つ答えて、その他に何通りの押し方があるかを［　　］に答えなさい。他に答えがない場合は「その他に0通りの押し方がある」と答えなさい。

答　[　　][　　][　　][　　][D][スタート]の順
その他に［　　］通りの押し方がある

5　整数を下のように規則的に並べます。

1	4	9	16	……
2	3	8	15	……
5	6	7	14	……
10	11	12	13	……
17	18	…………		
…………				

上から A 段目の左から B 番目の数を A★B と表すことにします。例えば、3★4＝14 です。

(1)　6★4　を求めなさい。

答

(2)　7★(2★3)　を求めなさい

答

(3)　A★B＝90　となるAとBを求め、A★Bの形で答えなさい。

答

(4)　1★(□＋1)－1★□＝99　となる□を求めなさい。ただし、2つの□には同じ数が入ります。

答

令和３年度　**算　数**

受験番号		氏名		合計	

6 次の対話文は、コウイチさんと先生の対話の場面です。対話文の□にあてはまる数を正しく入れて、対話文を完成させなさい。また、┆　┆には、工夫した計算のようすを書きなさい。

コウイチ：次のような計算問題が出されましたが、何か工夫して計算する方法はありますか？

[問題] $\left(1-\frac{1}{2\times2}\right)\times\left(1-\frac{1}{3\times3}\right)\times\left(1-\frac{1}{4\times4}\right)\times\left(1-\frac{1}{5\times5}\right)$

先生：実は次のような法則があるんです。

$1-\frac{1}{2\times2}=\frac{1}{2}\times\frac{\square}{2}$, $1-\frac{1}{3\times3}=\frac{2}{3}\times\frac{\square}{3}$

$1-\frac{1}{4\times4}=\frac{3}{4}\times\frac{\square}{4}$　もう気づいたかな？

コウイチ：はい。この法則にしたがうと

$1-\frac{1}{5\times5}=\frac{\square}{5}\times\frac{\square}{5}$ ですね。

先生：その通りです。この法則を使って問題を計算してみましょう。きっと楽しく、あっという間に計算できると思います。

コウイチ：はい。やってみます。

$\left(1-\frac{1}{2\times2}\right)\times\left(1-\frac{1}{3\times3}\right)\times\left(1-\frac{1}{4\times4}\right)\times\left(1-\frac{1}{5\times5}\right)$

$=\frac{1}{2}\times\frac{\square}{2}\times\frac{2}{3}\times\frac{\square}{3}\times\frac{3}{4}\times\frac{\square}{4}\times\frac{\square}{5}\times\frac{\square}{5}$

$=\frac{1}{2}\times\frac{\square}{5}\quad=\frac{\square}{\square}$

先生：その通りです。答えはしっかり約分できていますね。

この問題では、$\left(1-\frac{1}{2\times2}\right)$から$\left(1-\frac{1}{5\times5}\right)$までの４個の$\left(1-\frac{1}{■\times■}\right)$の形をした式を順番にかけ算しましたが、この法則を使えば、$\left(1-\frac{1}{2\times2}\right)$から$\left(1-\frac{1}{50\times50}\right)$までの49個の$\left(1-\frac{1}{■\times■}\right)$の形をした式を順番にかけ算した計算問題も、工夫して計算できるはずです。チャレンジしてみませんか？

コウイチ：チャレンジしてみます。全部は書ききれないので、と中は…で書きます。

$\left(1-\frac{1}{2\times2}\right)\times\left(1-\frac{1}{3\times3}\right)\times\left(1-\frac{1}{4\times4}\right)\times\cdots\times\left(1-\frac{1}{50\times50}\right)$

┆　　　　　　　　　　　　　　　　┆

$=\frac{\square}{\square}$

先生：さすが！より難しい問題にチャレンジするコウイチさんは立派です。また、どのような工夫をして計算したのかのようすも、しっかり書かれています。答えも正解です。

7 整数を次のような決まりにしたがって並べていきます。

<決まり>

①１番目は３けたの整数を並べる。

②２番目から後に並べる整数については、直前に並んでいる数を並べかえてできる整数のうち、一番大きな整数と一番小さな整数を引き算した数を並べる。

③並べる数が 0 または 99 または 495 になったら終了する。

例えば、１番目が402のときは

２番目の数…402を並べかえた一番大きな数420から一番小さな数024を引き算した数の396を並べる。(024は24として考えます)

３番目の数…396を同じように963から369を引き算した数594を並べる。

４番目の数…594を同じように954から459を引き算した495を並べる。

したがって、１番目　２番目　３番目　４番目

402 → 396 → 594 → 495

となるので４番目で終了します。

(1)　１番目の整数が219のときは、何番目で終了しますか。上の例のように整数を並べて答えなさい。

答　219 →　　　　番目で終了

(2)　99の倍数で３けたの整数を小さい順にすべて答えなさい。

答

(3)　２番目から後に並ぶ整数は、必ず1000未満の99の倍数になることが知られています。５番目の整数が594のとき、２番目の整数をすべて答えなさい。

答

(4)　１番目にどのような３けたの整数を並べても、最後には必ず0または99または495が並びます。３けたの整数が最も多く並ぶようにした場合、495は何番目になりますか。

答　495は　　　　番目に並ぶ

【問題はこれで終わりです。】

令和三年度　国語（前期A）

小学校　受験番号

名前

（配点非公表）

【一】

問一　①　②

問二　画目

問三　①　②

問四

問五

問六

問七　①　②

【二】

問一

問二　から。

問三

問四　〜　ことができるから。

問五

問六

問七

【三】

問一

問二

問三　〜

問四　〜

問五

問六

【四】

①

②

③

④

令和二年度　国語問題用紙　前期A

静岡学園中学校

（50分）

【一】次の問いに答えなさい。

問一　次の漢字の部首の名前をひらがなで答えなさい。

①設　　②穏

問二　次の漢字の太い部分は何画目か、漢数字で答えなさい。

善

問三　次の熟語の読みはどの組み合わせになっているか、後の中から一つ選び、記号で答えなさい。

①裏道　　②残高

ア　音と音　　イ　訓と訓　　ウ　音と訓　　エ　訓と音

問四　次の熟語の対義語を漢字二字で答えなさい。

平行

問五　次の熟語の類義語を漢字二字で答えなさい。

値段

問六　次のカタカナを漢字に直しなさい。

ジガジサン

問七　次の熟語の構造を後の中から一つ選び、記号で答えなさい。

①大罪　　②建築

ア　反対の意味の漢字を重ねたもの。　　イ　似た意味の漢字を重ねたもの。

ウ　上の漢字が下の漢字を説明するもの。　　エ　上の漢字の下に目的語が来るもの。

【二】次の文章は、フランスの細菌《さいきん》学者、ルイ・パストゥールの研究について述べたものである。次の文章を読み、後の問いに答えなさい。

著作権に関係する弊社の都合により
本文は省略いたします。

教英出版編集部

著作権に関係する弊社の都合により
本文は省略いたします。

教英出版編集部

（ビバリー・バーチ『パストゥール』）

＊注　ニワトリコレラ…鳥類の感染症《しょう》の一つ。
たんそ病…たんそ菌によっておこる家畜《ちく》の伝染病。

培養…細菌などを人工的に育てたり、増やしたりすること。

痘瘡…天然痘ウイルスがひきおこす病気。

問一　――線部①「ぐうぜんにおこったこのできごと」とは、パストゥールが何をしてどうなったことをいうのか、答えなさい。

問二　――線部②「それとはちがいます」とあるが、パストゥールの実験はジェンナーの痘瘡とどのような点でちがっているのか。□に入る言葉を本文中から指定された字数で抜《ぬ》き出して答えなさい。
ジェンナーの痘瘡の予防接種は、人間に［一字］の痘瘡のうみを接種するというものであるが、パストゥールの実験は、［十字］病原菌自体を接種するという点。

問三　――線部③「ワクチン注射」とは何か、□に入る言葉を本文中から十一字で抜き出して答えなさい。
事前に病原菌を接種して□。

問四　フランスのムランでおこなわれた実験の結果を、解答用紙の表にまとめなさい。なお、上の段にはどんな羊のグループか、下の段にはそれぞれの結果を簡潔に書きなさい。

【三】　小学五年生の佑《たすく》は、友人の一平と「ケアハウス　こもれび」に通っている。次の場面は、佑と一平と担任の早田先生が、ここで働くインドネシア人介護実習生《かいごじっしゅうせい》のリニさんにインタビューをしている場面である。介護福祉士《かいごふくしし》を目指すリニさんは、こもれびで研修をして、日本で介護《かいご》の国家試験を受ける。次の文章を読み、後の問いに答えなさい。

「国家試験って難しいんですか？」

試しにきいてみると、リニさんは心配そうに顔をくもらせた。

「はい。①とても難しいです」

両肩《りょうかた》をすぼませて、珍《めずら》しくしゅんとした。それもそのはず、

「なぜなら試験は、日本語で受けることになっているからです」

と続いた。びっくりだ。

「日本語？」

「大変じゃん」

佑は繰《く》り返し、一平も声を上げる。自分がどこか外国に行って、その国の言葉で試験を受けるなどと考えると、頭の中に白っぽい空間が広がるばかりだ。

ぽかんとするしかなかったが、リニさんが続けたのは、さらに厳《きび》しい条件だった。

「試験に落ちられるのは、一回だけです。二回落ちてしまったら、すぐにインドネシアに帰らなければいけません」

「えー」

「たった一回？」

佑と一平は顔を見合わせ、

「それは、猛《もう》勉強ですね」

早田先生も息を呑《の》んだ。

「はい。これが私の勉強のノートです」

リニさんはうなずいて、テーブルの上にノートを広げた。

「すっげ」

大げさではなく、佑は文字通りのけぞってしまった。驚《おどろ》きが背骨をマックスにしならせる。

「うわー、これ、何語？」

一平の目もノートに釘付《くぎづ》けだ。

リニさんのノートには、細かい字で、英語と日本語が書いてあった。しかも、びっちりと、すき間もないくらいに書いてある。そのうえ、丁寧《ていねい》な図解もある。

「日本語と、ローマ字表記の日本語と、英語みたいね。あと、これは、インドネシア語かしら」

先生が暗号を解読するように言うと、

「はい。インドネシアの公用語はインドネシア語ですが、学校では英語も勉強したからわかります。でも、難しいところは、インドネシア語を使ってしまうのです。日本語は、今、勉強中です」

「………」

佑はリニさんのノートをもう一度ながめた。言葉も出ない。もちろん、どんなに見つめたところで、理解も不能だ。なんでもいろいろ教えてくれるリニさんは、なんでもいろいろ勉強しているのだ。佑は視線をノートとリニさんの顔の間で激しく往復させてしまった。

一平も、ノートを静かに写真に納めていた。

シャッター音も真似《まね》ないし、「いいねー、いいよー」などと、軽々しいことはもう言わない。貴重《きちょう》なお宝でも撮《と》っているみたいな重々しさで、撮影《さつえい》していた。

佑もノートに、

〝とてもすごいノート。英語と日本語とインドネシア語がまじっていて、読めない。〟

と、やっと書いた。めっちゃとか、やばいなどの形容詞も、使ってはいけない気がした。

「この*協定で日本への受け入れが定められている職業は、看護師と介護福祉士《かいごふくしし》のふたつですが、リニさんが、介護福祉士になろうと思ったのはどうしてですか？」

早田先生が次の質問をしたので、佑も急いで書きなぐる。

〝どうして、かんごしではなく、介ごふくしし？〟

質問に、リニさんは少し考えるように首を傾《かし》げたが、やがて小さくうなずいた。考えをまとめたようだった。

「私は、お年寄りのお世話をしたい、思ったからです」

「お年寄りのお世話をしたい、と思ったんですか？」

佑は、思わず完璧《かんぺき》なオウム返しできき返してしまった。お年寄りのお世話は、とても大変だということは、ちょっと見ただけでもわかっていたからだ。こもれびに来ているお年寄りは、体が不自由な人が多い。その人たちのお風呂《ふろ》やトイレを手伝うのは、力がいるし、忙《いそが》しそうだ。

ほかにも、のどに絡《から》んだたんを、ノズルのついた吸引器で取っているのを見たことがある。「ズコズコズコッ」とすごい音がしていて、初めて見たときには、ぎょっとした。

見たことはないけれど、もちろん、おむつを替《か》えることもあると思う。それは、正直に言うと、見たくなかった。足をけがして動けなくなった祖父が、いっときおむつをつけたことがある。母が手伝っていたけれど、佑は手を出せなかった。自分の祖父でさえだ。嫌《いや》な顔ひとつせず、②おむつを替《か》える母は、えらいな、と思った。

それなのに、家族以外のお年寄りのお世話をしたいなんて。いや、実際にしているなんて。しかも、遠い外国まで来て。けれどもリニさんは、ちっとも嫌そうではなかった。むしろ、誇《ほこ》らしそうだ。

「インドネシアでは、お年寄りはとても尊敬されているのです。だから、家族全員が代わりばんこに世話をします。みんながお世話をしたい。それがあたり前。お年寄りは、私たちよりたくさん生きている分だけ、かしこくて物知りです。日本のお年寄りも、たいへんかしこいです」

「そお？」

なんでもずばずば言うリニさんが言うのだから、本当っぽい気もしたが、

一平は首をひねった。そして、リニさんそっくりに③身もふたもないことを言った。

「ぼけてるじゃん」

「長尾《ながお》くんっ」

早田先生はビームを出しそうになったが、一平はそっちは見ていなかった。

「だって、人間違《ひとまちが》いされたまんまだぜ、おれ」

「ああ、まさちゃんだもんな」

佑は、初日の人違《ひとちが》い事件を思い出して噴《ふ》きだした。しかもあれ以来、あのおばあさんは、一平を見るたびににこにこして「まさちゃん」と呼びかけている。

「おれは、一平だっつーの」

一平は顔をしかめてみせるが、同じマイクロバスに乗っているせいか、最近ではちょっとなついている。おばあさんの名前は、古賀よし子さんというそうで、一平のほうも、

「よっちゃん」

なんて気安く呼んでいることもある。

「④ぼけるという言葉は、いけないのです」

リニさんは、困ったように首を傾げたのち、

「えーっと、日本には、よい言葉がありました」

ノートをめくった。

「ああ、これです。二度わらし」

「二度わらし?」

「なんだ? それ」

「人が年を重ねて、もう一度子どもみたいになることよ」

佑たちの疑問に先生が答えると、

「そうです、そうです。私はそれは、とってもいい言葉だと思いました。お年寄りたちは、かしこいけれど、とてもかわいらしくなるのです。子どもみたいに、素直に自分の個性を出すようになります」

リニさんは、何度もうなずいた。

(まはら三桃『奮闘するたすく』)

*注 この協定…経済連けい協定。日本は東南アジア諸《しょ》国と協定を結んでいるため、東南アジアの国々から介《かい》護や看護の勉強に来る人が多い。

問一 ——線部①「とても難しいです」とあるが、どんなところが難しいのか、二つ答えなさい。

問二 リニさんのノートをみせてもらったときの佑の気持ちとして最も適当なものを次の中から選び、記号で答えなさい。

ア 英語もインドネシア語もできて、さらに日本語まで勉強しているリニさんに驚《おどろ》く気持ち。

イ 大変な仕事をしながらも常に明るさを忘れないリニさんに感動する気持ち。

ウ 将来の夢のために一生懸命《けんめい》に勉強しているリニさんに、感心する気持ち。

エ すき間もなくびっしり文字が書かれ、丁寧《ていねい》な図解まであるノートにあきれる気持ち。

問三 リニさんが介護福祉士になろうと思ったのはなぜか。理由を答えなさい。

問四 ——線部②「おむつを替《か》える母」に対する佑の思いを漢字二字で表現しなさい。

問五 ——線部③「身もふたもない」の意味として、最も適当なものを次の中から選び、記号で答えなさい。

ア 失礼な　　イ ろ骨で味わいもない　　ウ 考えなしの　　エ 周りがおどろくような

問六　リニさんはお年寄りについてどのようなイメージを持っているか、最も適当なものを次の中から選び、記号で答えなさい。

ア　日本のお年寄りは、インドネシアのお年寄りに比べてかしこくて物知りである。
イ　日本のお年寄りもインドネシアのお年寄りも、ユーモアがあり面白いことをする。
ウ　インドネシアのお年寄りは、日本のお年寄りに比べると子供っぽい。
エ　日本のお年寄りもインドネシアのお年寄りも、若い人に比べて多くのことを知っている。
オ　インドネシアのお年寄りは、日本のお年寄りほど尊敬されていない。

問七　――線部④「ぼけるという言葉は、いけないのです」とあるが、リニさんが代わりに紹介してくれた言葉はなにか。本文中からその言葉を抜き出して答えなさい。また、その言葉の意味を説明している部分を本文中から探し、二十三字で抜き出して答えなさい。

【四】　静《しずか》さんと学《まなぶ》くんが読書量について話している。次の会話文を読み、後の問いに答えなさい。

静　最近の人は本を読まなくなった、と言うよね。
学　そうだね。私は図書委員なんだけれど、図書館の司書の先生が、「生徒も先生もあまり図書館に来なくなったなあ」と言っていたよ。
静　Aのグラフを見て。十六才以上の人に一ヶ月に読む本の冊数を聞いた結果だよ。
学　わあ。これを見ると、[①]ということがわかるね。
静　Bのグラフは年齢《ねんれい》別の結果だよ。これを見てみると、十四年度に比べて全体的に本を読まない人の割合が増えていることがわかるね。三十代から四十代は十%以上の変化があるよ。
学　平成二十年度と二十五年度を比べても、二十代から五十代は本を読まない人の割合が増えているよね。
静　このまま、みんな本を読まなくなってしまうのかなあ。
学　十代の割合を見ると、二十五年度は二十年度に比べて五%ほど回復しているよ。同じ調査を今やったらどんな結果になるのか気になるね。

A

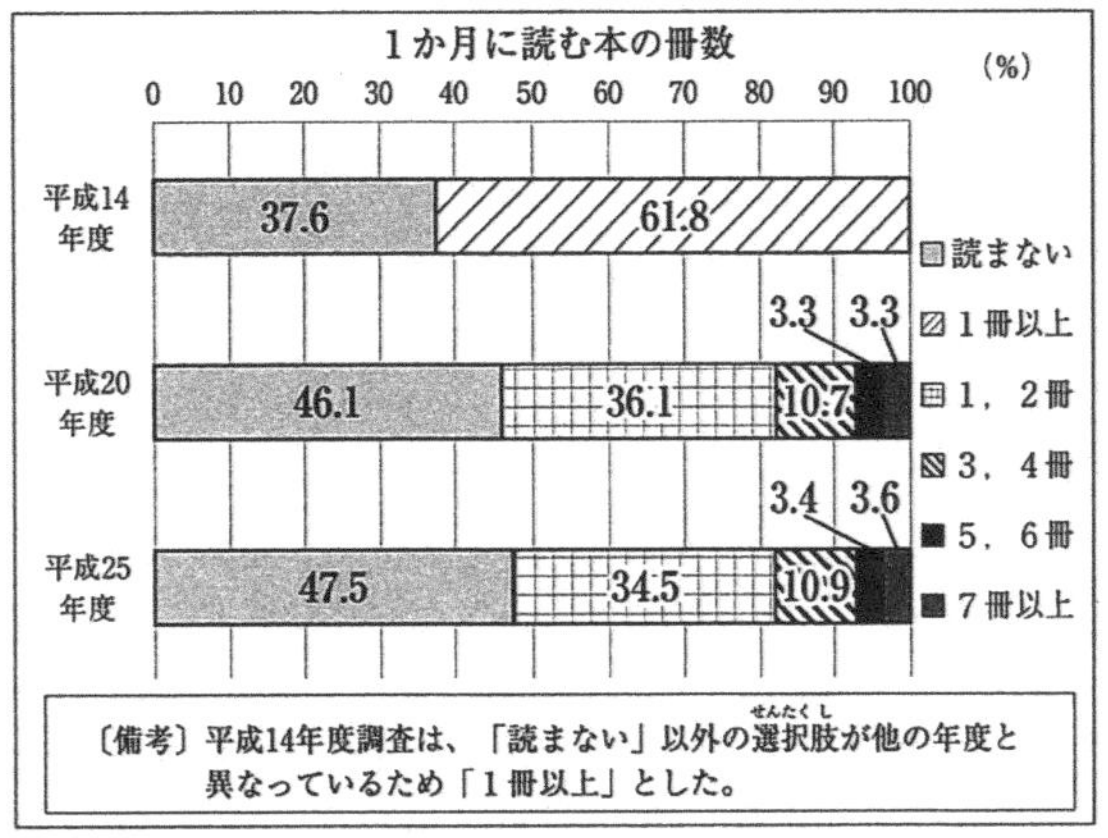

B

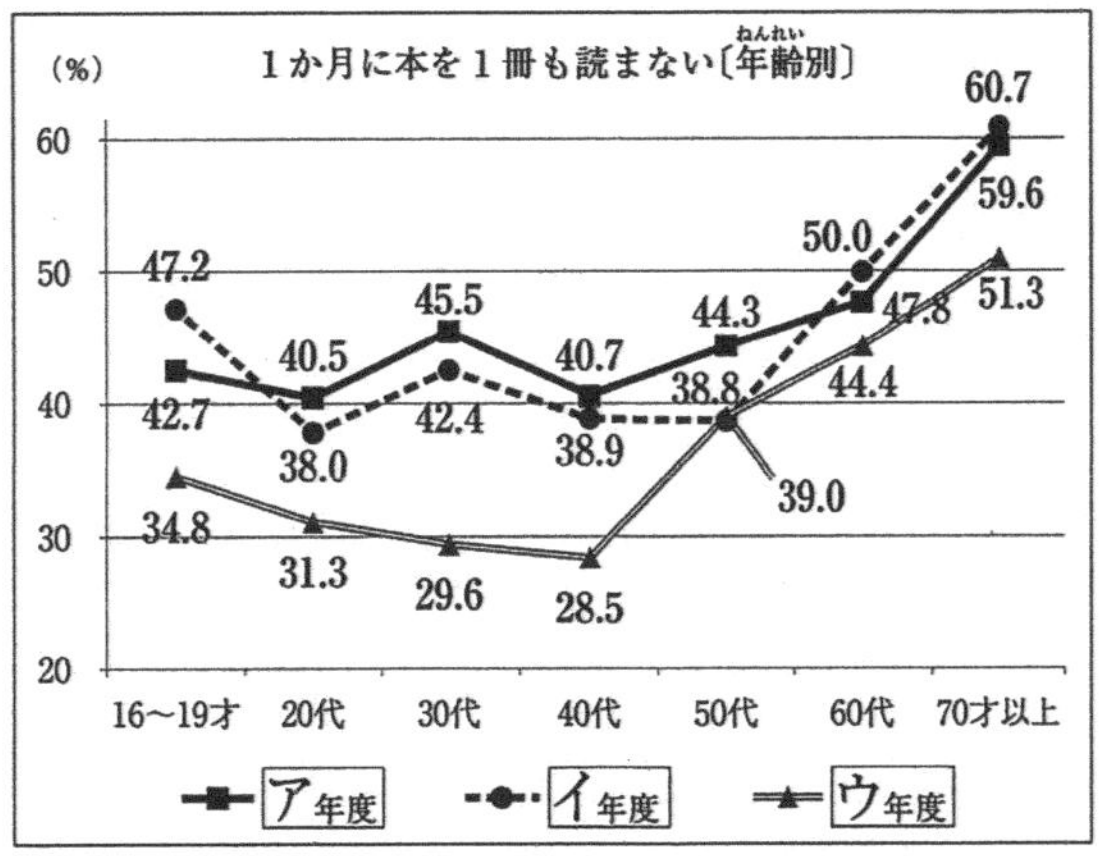

平成25年度「国語に関する世論調査」の結果（文化庁）より

問一　空欄[①]に当てはまるものを選びなさい。

ア　平成二十年から二十五年にかけて、一冊も読まない人の割合が急激に増えていること。
イ　平成二十年から二十五年にかけて、七冊以上読む人が減っていること。
ウ　平成十四年から二十五年にかけて、読書がきらいな若い人が増えていること。
エ　平成十四年から二十五年にかけて、本を一冊以上読む人の割合が減ってきていること。

問二　Bのグラフについて、ア～ウはそれぞれ平成何年度か漢数字で答えなさい。

A

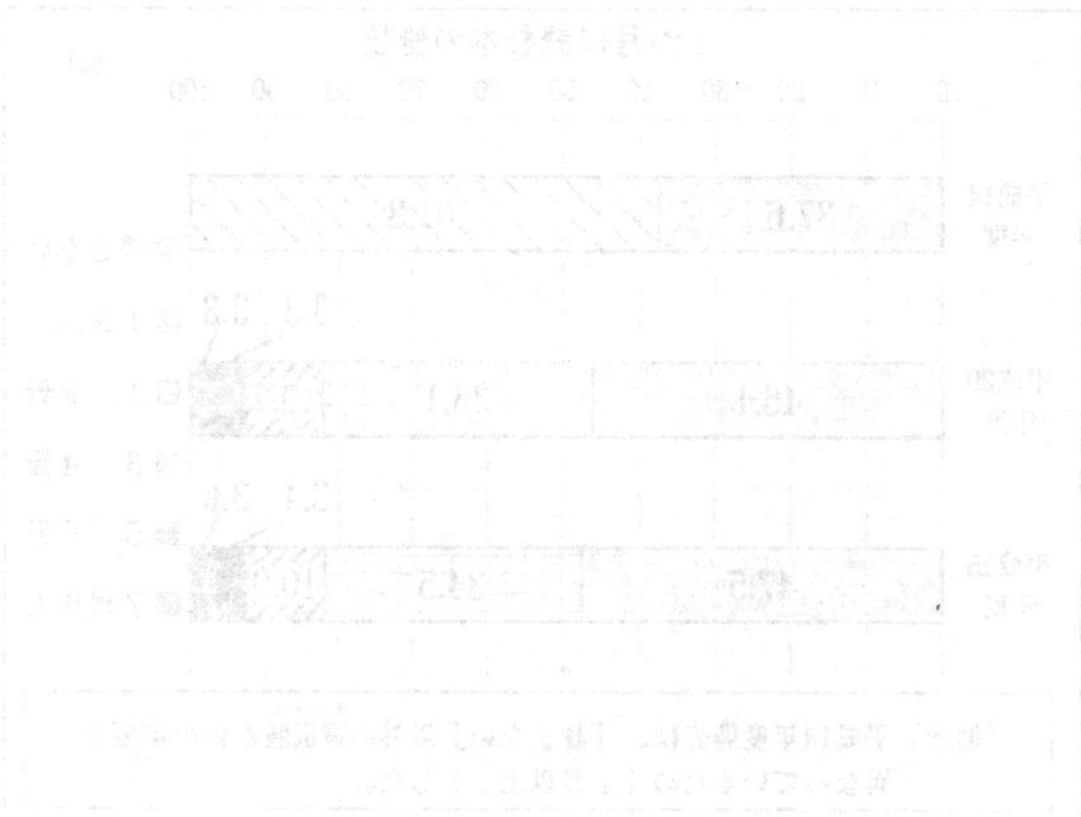

B

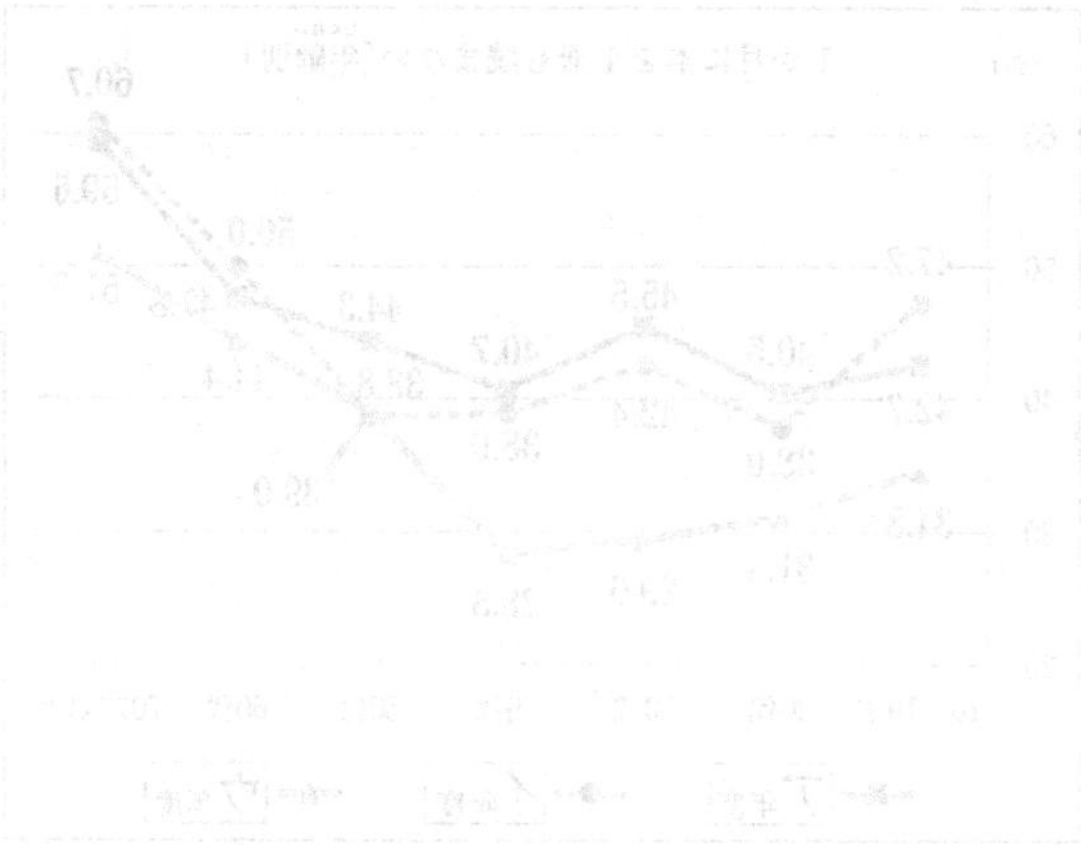

令和２年度　**算　数**

(50分)

受験番号		氏名		合計	(配点非公表)

1 次の計算をしなさい。

(1) $12+6\div3$

答 □

(2) $14-\left(9-\frac{3}{4}\right)\times\frac{4}{11}$

答 □

(3) $0.18\div1.2+\frac{4}{5}\div1.6$

答 □

2 次の□に当てはまる数を入れなさい。

(1) $\frac{41}{5}$ より大きく $\frac{105}{8}$ より小さい整数は □ 個あります。

(2) 0.191km は □ m です。

(3) ある学年の生徒数は 90 人で，男子と女子の人数の比が 13：5 です。
この学年の男子の人数は □ 人，女子の人数は □ 人です。

(4) A, B, C, D, E の５人が算数のテストを受けました。A, B, C の３人の平均点は 75 点，D, E の２人の平均点は 85 点のとき，A, B, C, D, E の５人の平均点は □ 点です。

(5) ガソリンを満タンにして自動車を走らせました。160km 走ったところ，ガソリンが 10L 減っていました。あと 100km 自動車を走らせると，ガソリンはさらに □ L 減ります。

(6) 8％の食塩水 □ g には，食塩４g がとけています。
この食塩水に，さらに水を □ g 加えると，5％の食塩水になります。

(7) 光は１秒間に 30 万 km 進みます。また，太陽と地球は１億５千万 km 離れています。今，地球に届いている太陽の光は，□ 分 □ 秒前に太陽から出た光です。

3 ０，１，２，３，４，５の６つの数字から，ことなる２つの数字を選んで２けたの整数を作ります。偶《ぐう》数は全部で何個できますか。考え方（図や表など）も書きなさい。

考え方

答 □ 個

4 2020 年はうるう年で，2020 年１月 11 日は土曜日です。うるう年は４年に１回ずつあり，うるう年でない年の２月は 28 日間，うるう年の２月は 29 日間です。次の各問いに答えなさい。なお，31 日間ある月は１月，３月，５月，７月，８月，10 月，12 月で，30 日間ある月は４月，６月，９月，11 月です。

(1) 2020 年１月 11 日の 62 日後は何月何日の何曜日ですか。

答 □ 月 □ 日 □ 曜日

(2) 2020 年７月 24 日はスポーツの日です。2020 年７月 24 日は 2020 年１月 11 日から何日後ですか。

答 □ 日後

(3) 2020 年２月 23 日は天皇誕生日で日曜日です。2020 年よりも後で，２月 23 日が最初に日曜日になるのは西暦何年ですか。

答 西暦 □ 年

令和2年度　**算　数**

受験番号		氏名		合計	

5　こういちさんは冬休みに一冊の本を読みました。1日目は本全体のページ数の$\frac{1}{2}$を読み，2日目は残りのページ数の$\frac{1}{2}$を読みました。3日目は64ページを読み，読み終えました。本全体のページ数は何ページですか。

答［　　　　］ページ

6　次の各問いに答えなさい。

(1)　下の図のような長方形の花だんの中に，黒くぬられた道を作ります。道の面積を求めなさい。

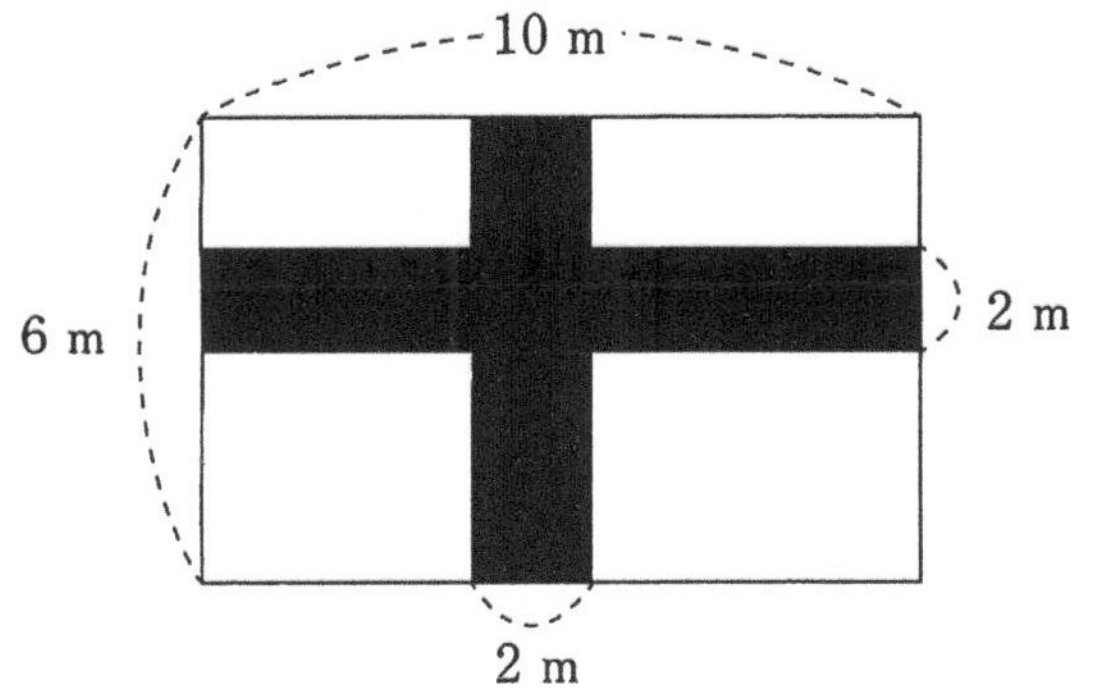

答［　　　　］m^2

(2)　1組の三角定規が下の図のように重なっています。（ア）の角度を求めなさい。

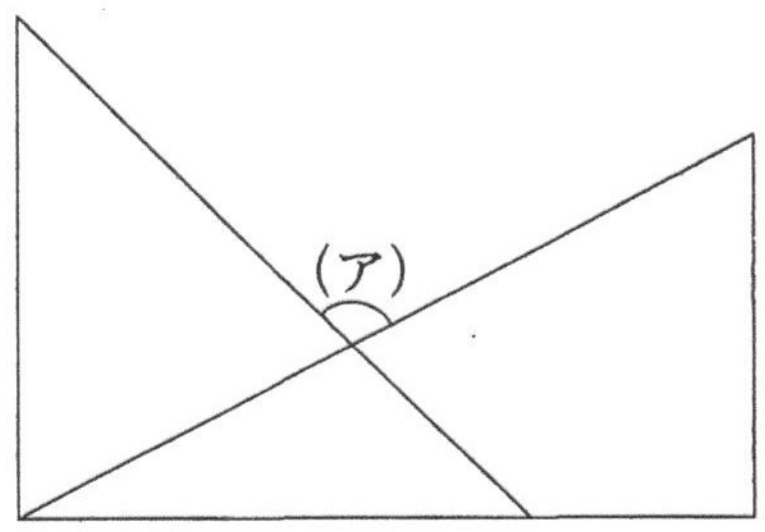

答［　　　　］度

7　ひろゆきさんは家族で自家用車に乗って旅行に出かけました。ひろゆきさんのお父さんは車を運転しています。次の対話文は，ひろゆきさんとお父さんの対話の場面です。対話文の［　　］にあてはまる数を正しく入れて，対話文を完成させなさい。また，［　　］（点線）にあてはまる説明文を書きなさい。

ひろゆき：あ！目的地まであと47kmって，案内の標識が出ていたよ。

父：ということは，目的地まであと47分で到着するよ。

ひろゆき：お父さんすごい！カーナビの到着予想時刻の画面を見ていないのに，なぜすぐにわかったの？

父：それは，ちょうど時速60kmで走っているからだよ。

ひろゆき：え！どうして？

父：時速60kmとは，1時間に［　　］km進むということだから，60km進むのに［　　］分かかるということだね。つまり，1km進むのに［　　］分かかることになるから，時速60kmで走り続ける場合，目的地までの距離の数字が，目的地まであと何分かかるかの数字と同じになるんだよ。

ひろゆき：時速60kmって便利だね。

父：では，時速30kmで走り続けている場合は，どうなると思う？

ひろゆき：時速30kmとは，1時間に［　　］km進むということだから，30km進むのに［　　］分かかる。つまり，1km進むのに［　　］分かかるから，目的地までの距離の数字を［　　］倍した数字が，目的地まであと何分かかるかの数字と同じになると考えていいのかな？

父：その通りだね。

ひろゆき：同じように考えると，目的地まであと何分かかるかの計算を早く行うには，次のようにすればいいのかな？

・時速100kmで高速道路を走り続ける場合
　目的地までの距離の数字を［　　　　］（点線）

・時速［　　］kmで走り続ける場合
　目的地までの距離の数字を1.5倍する

父：正解です。これでカーナビを見なくても所要時間をすぐに求められるね。

令和2年度　**算　数**

受験番号		氏名		合計	

8　1辺が1cmの正方形の紙を並べて，下のような形を作ります。

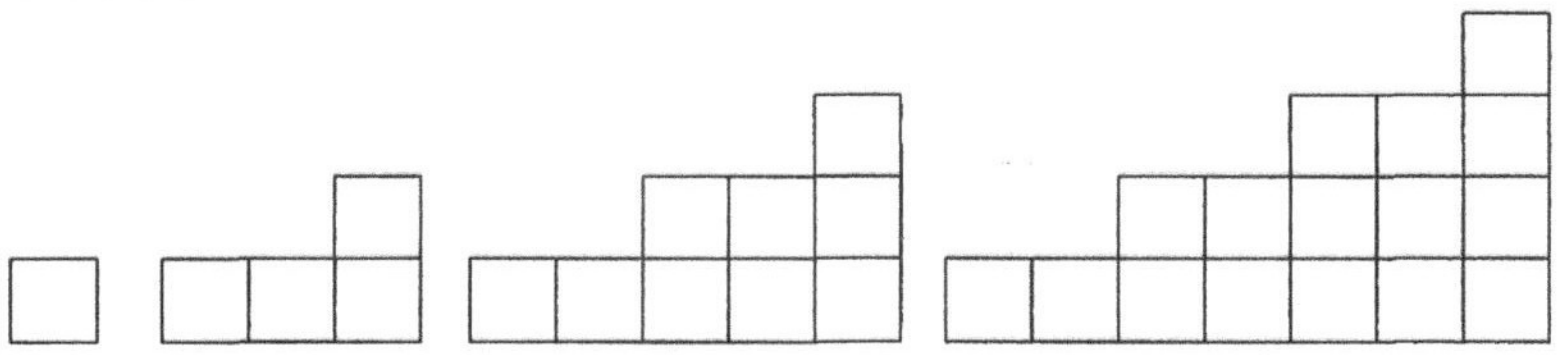

1段　2段　3段　4段

(1)　2段のときの周りの長さは何cmですか。

答　　cm

(2)　段の数と周りの長さを表に書きなさい。

段の数（段）	1	2	3	4	5	6	7	8
周りの長さ(cm)								

(3)　周りの長さが64cmになるのは何段のときですか。

答　　段

(4)　(3)のときの図形の面積は何cm^2ですか

答　　cm^2

9　下の図のような正六角形について，①の場所に点Pがあり，以下のような規則で，頂点の上を移動させます。次の各問いに答えなさい。

[規則]

[1] 大きなさいころをA，小さなさいころをBとし，どちらかを自由に選んで何回か投げる。

[2] Aを選んだときは出た目の数だけ時計の針が進む方向に点Pを移動させ，Bを選んだときは，出た目の数だけ，時計の針が進む反対の方向に点Pを移動させる。

[3] 大きなさいころを選んで，1の目が出た時は$A1$，2の目が出た時は$A2$，小さなさいころを選んで，1の目が出た時は$B1$，2の目が出た時は$B2$と書くようにする。

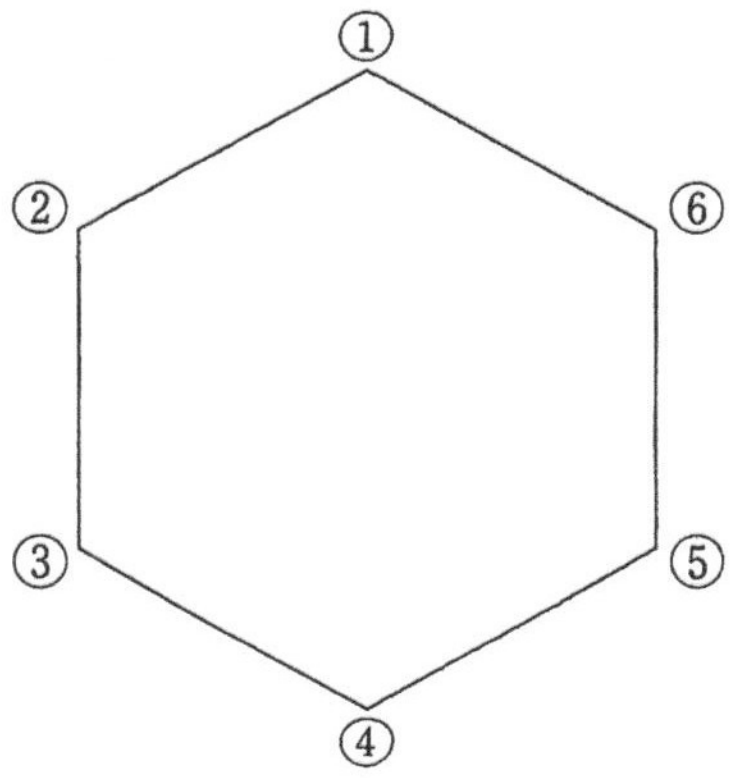

(1)　点Pが時計の針が進む方向へちょうど2周したとき，大きなさいころは最低何回投げたか答えなさい。

答　　回

(2)　5回投げて，目が下のような順番の出方をしたとき，点Pの場所を答えなさい。

$A5$　$B4$　$A3$　$A2$　$B1$

答

【問題はこれで終わりです。】

令和二年度　国語（前期A）

小学校　受験番号

名前

（配点非公表）

【一】

問一　①　②

問二　画目

問三　①　②

問四

問五

問六

問七　①　②

【二】

問一

問二　ジェンナーの疱瘡の予防接種は、人間に□の疱瘡のうみを接種するというものであるが、パストゥールの実験は、□病原菌自体を接種するという点。

問三　事前に病原菌を接種して□。

問四

	どんな羊のグループか	結果
第一のグループ	羊のグループ。	
第二のグループ	羊のグループ。	

【三】

問一　・　・

問二

問三

問四

問五

問六

問七

言葉	言葉の意味

【四】

問一

問二

ア　平成　年度

イ　平成　年度

ウ　平成　年度